安倍晋三への毒言毒語

佐高信の筆刀両断

佐高信
Satoka Makoto

金曜日

安倍晋三への毒言毒語

目次

第3章　闘う本、闘う書評　189

安倍晋三への毒言毒語

佐高 信

第1章

無知と傲慢の安倍晋三を弾劾する

姜尚中と対話をして『日本論』（毎日新聞社）という共著を出したのは二〇〇四年二月である。

その時、姜は安倍晋三をこう批判した。

「この間NHKの討論会に出たんですが、安倍晋三は、どうしようもない政治家ですね。なんであんなのが総理大臣候補になるんですか？　安倍は、始まる前から僕の顔を見るなりカリカリしていて、僕は僕で相手にならないと思って記者仲間と政治談義をやっていたんです。番組の冒頭で僕が、『ハードライナーには六カ国協議は無理でしたね』と言ったら、『ハードライナーというのは私のことか』と言うわけね。『もちろん』と言いたかったけれども、司会が大慌てでブロックするんですよ」

「六カ国協議」とは北朝鮮問題をめぐるアメリカ、中国、ロシア、日本、韓国、北朝鮮の協議のことであり、「ハードライナー」とは北朝鮮に対する対話と圧力の圧力に重心をかける人間のことである。

そこで私は安倍を「坊ちゃんタカというか、安全圏にいながらすさまじいタカになっていくタイプ」と指摘したが、姜はこうも言っていた。

「世代交代を一挙に進めようとしている自民党の若手と言われる四〇代の人たちが、かなりはしゃいでいますね。その一つのコアに安倍晋三がいて、一〇年後の日本の政治を想うと、ものすごく不安になる。彼らには戦後感覚というものがほとんどなくて、自分たちの単純極まりないタカ派的な発想を斬新だと勝手に思い込んでいるんですね」

その一〇年が過ぎて、「不安」が現実のものとなっているのに、残念ながら、姜の口からはこのような安倍批判は聞かれなくなった。

ある意味で、安倍の「偏向」攻撃に負けたのだろう。安倍の方こそが偏向なのに、次のようなことを言うようになってしまったからである。

『週刊朝日』の二〇一三年六月一四日号で五木寛之と対談した姜は、

「二者択一の世界でしか生きられない人々が増えている気がします。憲法や自衛権をどうするのか、中国とどう向き合うのか、あらゆる問題が二分法で考えられている。しかしそんな時代だからこそ、白か黒かではない場所に答えがあるんじゃないかと考えてみることに意味があると思うんですが」

と発言し、五木に倣って中庸の大事さを説いている。それこそ、安倍が喜ぶ発言だろう。

姜は熊本の縁でか、水俣病と闘った原田正純をNHKの番組で賞揚していたが、原田がこれを読んだら愕然としたのではないか。『原田正純の道』（毎日新聞出版）を書いた私も絶句した。

原田は朝日新聞西部本社編『原田正純の遺言』（岩波書店）の中で、医学者や研究者の中に「政府がらみのものは避けたい」という変な中立主義めいたものがあることを批判し、こう言っているからである。

「AとBの力関係が同じだったら、中立というのは成り立ちますよ。だけど、圧倒的に被害者のほうが弱いんですからね。中立ってことは『ほとんど何もせん』ってことですよね。『何もせん』ってことは結果的に、加害者に加担しているわけです。全然中立じゃない。権力側に加担している。それこそ政治的じゃないかと思うんだけど。ところが被害者側に立つと『政治的だ』と言われる。逆ですよね」

私は、むのたけじの発行していた新聞『たいまつ』の一九六九年三月二〇日号に「偏向しているのは教育でなく現実だ」という一文を寄稿した。二四歳の教師だった私の若書きの結論だけ引こう。

「沖縄の差別の現実は、なぜ生みだされてきたのか。その差別を生みだしたものは何であるのかを歴史的に問いつめながら、私たち教師は『わたしたちの沖縄』を教えてゆかなければならない。沖縄の現実を教える教育は偏向教育ではないかという非難があるが、沖縄を教える教育が片寄っているのではない。沖縄の現実が片寄っているのだ。

政府の言う『中正』な教育とは政府に『忠誠』な教育のことであるのか？　時の権力の思うままに押し流された『現実偏向』の教育が何を生みだしたか。私たちは『現実』に偏向するのではなく、もっともっと憲法や教育基本法の『理念』に片寄った『理念偏向』の教育をやらなければならない」

この時から五〇年近く経って、沖縄では〝オール沖縄〟という旗印の下に、革新勢力と手を握った元自民党員の翁長雄志が知事になった。その翁長が松原耕二著『反骨』（朝日新聞出版）で、官房長官や副総理も務めた後藤田正晴の思い出を語っている。

「（那覇）市長になって二年目でね、後藤田先生、九十歳近くであられたと思うんですけどね、十五分の約束をしたら、一時間半くらいお話出来たんですよ。色々な話をしたんですけど、まあ沖縄だけに限る話をしますとね、突然、『俺はね、沖縄には行かないんだ』とね、こういう言いかたをするんですね。これはまた沖縄の人がね、失礼なことでもしたのかなと思ったらね、そうじゃなくて『俺はね、沖縄の人が可哀想でね、顔を見ることが出来ないんだよ。だから顔を見ることが出来ないから沖縄にいけないんだよ』というね、こういう話を後藤田先生から直接聞かされましてね、こちらもグッときますよ」

この翁長は、県会議員時代から翁長を知る友人に、こうも述懐していたという。

「野中（広務）先生とか、橋本龍太郎先生とか、梶山静六とか、そういう方々はハートがあったと、（いまは）全然そういうのがなくなってきたと。小泉（純一郎）さんあたりからなくなってきたと。小泉さんの弟子の安倍さんなんかはもっとそうでしょうと、笑いながら言ってましたよ。同じ保守の政治家としてギャップは感じてたんじゃないですかね」

小渕恵三を含めて、後藤田、野中、橋本、梶山と翁長が親近感を抱く自民党の政治家はいずれも田中角栄の派閥に属していた人たちである。

小泉は「自民党をブッ壊す」をスローガンにしたが、小泉が壊したのは自民党の田中派であり、田中派のハートのある政治家だった。

ハートのない保守の安倍の系譜は小泉から福田赳夫、そして、安倍の祖父の岸信介へと遡《さかのぼ》ることができる。

「戦争を知っている奴が社会の中核にいるうちは日本には間違いがない。しかし知らない奴が出てきたときが、怖い。若い奴に勉強させなきゃいけないね」

田中角栄は常々こう言っていたが、田中と同い年でタカ派といわれる中曽根康弘でさえ、岸信介に対しては次のように批判していた。岸が石橋湛山と自民党総裁選を戦った時、属していた河野（一郎）派の意思に反して石橋に投票し、こう告白しているのである。

「私としては大東亜戦争に行って随分部下も殺した。また弟も戦死した。それらを考えると岸さんが総理大臣になるのは早い。むしろあの時、軍とやりあった石橋湛山氏を総理にするのが筋だという気持ちがあって投票した。そのために出世が大分遅れました」

知事になった翁長に対して、自民党に残った県会議員から裏切り者呼ばわりする質問が出たというが、明らかに自民党は変質して、理念のない者だけが残ったのである。

そのシンボルが安倍であることは言うまでもないだろう。

「ばかな大将　敵より怖い」という言葉があるが、安倍はまさにそれを体現している。あるブログにこうある。

「【母校の恥】安倍総理の母校成蹊大学から抗議声明！

知ってますか？　就活で母校の名前を答えると、『ああ、安倍晋三のね』と冷笑されることを」

そして、さらにそれは次のように続く。

「一九七七年成蹊大学法学部政治学科卒業生、安倍晋三さん

私たち成蹊大学後輩一同は、あなたの安全保障関連法案における、学問を愚弄し、民主主義を否定する態度に怒りを覚え、また政治学を学んだとはにわかに信じがたい無知さに同窓生として恥ずかしさを禁じえません。

日本国憲法に、集団的自衛権の行使を基礎づける条文が存在しないことを、私たちは成蹊大学で学んでいます。

憲法を、時の総理大臣が自ら責任者と称し解釈で改憲することは、法の支配に反する行為であると、私たちは成蹊大学で学んでいます。

日本国憲法は、アメリカによって押し付けられた恥ずかしいものなどではなく、日本国民が自ら選び取り七〇年間維持してきたものだと、私たちは成蹊大学で学んでいます。

そして、私たち成蹊大学生は、憲法学を机上の空論などと考え学者の意見を軽視することなどはせず、学問が蓄積してきた知識を大切にしています。

あなたは、本当に成蹊大学で学ばれたのでしょうか。

知っていますか。就職活動の際、自己紹介で母校の名前を答えると、『ああ、安倍晋三のね』と冷笑されることを。その冷笑に含まれている意味を考えてみてください。

安倍晋三さん、あなたは成蹊大学の誇りなどではなく、ただその無知で不遜な振る舞いによって、私たちの大学の名誉と伝統に泥を塗っているのです。

私たち成蹊大学生は、先輩・安倍晋三さんの立憲主義を否定する態度に反対し、安全保障関連法案の廃棄を求めます。

平成二七年九月一三日　発起人・成蹊大学法学部政治学科四年　秋山直斗

付記……成蹊大学の教授、職員の方々が『安全保障関連法案に反対する成蹊学園有志の会』を発足され、様々なご活動をされておりますが、現役学生は賛同者になることができないということなので新たにこちらを作りました」

マスメディアが取り上げるべき「抗議声明」だと思うが、寡聞にしてこれを掲載し、安倍に答えを求めたという話を聞かない。

安倍の無知が問題なのは、それが傲慢とともにあることである。民主党（当時）の辻元清美に、「早く質問しろよ！」とヤジを飛ばすなど前代未聞。まさに無知と傲慢のもたらすものである。

石田勇治著『ヒトラーとナチ・ドイツ』（講談社現代新書）には、特にナチスの初期にはドイツ国民はヒトラーを「平和主義者」だと思って支持していたという衝撃の事実が史料とともに記されている。安倍の後輩はいち早く、安倍の「無知と傲慢」に気付いたわけだが、決して諦めることなく、それを撃つ努力を続けていかなければならない。

第2章

安倍政権筆刀両断

トンデモ政策には固有名詞をつけよ

「トンデモ本」というのがあるが、今この国にまかり通るのは、「トンデモ政策」ばかりである。たとえば、集団的自衛権の行使容認、残業代ゼロ、原発再稼働等々。

私はそれを批判するのに固有名詞をつけよと提案したい。

たとえば、集団的自衛権の行使容認につけるべき固有名詞はもちろん、安倍晋三だが、いわゆる安保法制懇の座長代理は元東大教授の北岡伸一だった。実質、この北岡が猿まわしであり、安倍にいいように使われる猿でもある。

北岡を私は『噂の眞相』で連載を始め今は『創』で書いている「タレント文化人筆刀両断」で批判したが、北岡は自民党に密着しているだけでなく、民主党政権時代も「日米密約の外務省調査を検証する有識者委員会」座長だった。つまりは権力に取り入るしか能がない、典型的な御用学者。

波乗りにも似た遊泳術の巧みさに、〝ウィンドサーファー〟と皮肉る人もいるようだが、たんに〝歩くゴマスリ〟なのである。

こんな北岡が推進する集団的自衛権の行使容認が国民のことを考えたものであるはずがない。だから、容認派はいいかげんな北岡と同類だと思ったほうがいい。北岡の顔写真を行使容認派に貼って議論した方がいいということである。

残業代ゼロには産業競争力会議をリードする竹中平蔵という固有名詞をつけなければならな

い。メディアは竹中をよく慶大教授と書くが、パソナの会長もやっており、パソナの会長の収入の方が多いだろうから、パソナ会長と書くべきなのである。

そう書けば、人材派遣業すなわち紹介ピンハネ業最大手の会長の竹中が、こんな政策を出して来ることがおかしいと、すぐわかるだろう。竹中の言うがままに「慶大教授」と書いたら、「パソナ会長」としての竹中を隠すことに手を貸すことになる。

二〇一四年六月七日付の『日刊ゲンダイ』に、テレビ愛知の「激論コロシアム」でそれを突かれた竹中が逆ギレした、と書かれていた。政府の諮問会議に有識者として入っているのだと居直った竹中に、同席者が、

「ではパソナの会長をやめたらどうか」

と突っ込んだら、居直った末に逆ギレしたというのである。

私はズーッと竹中こそ国会に呼んで証人喚問すべきと主張し続けてきて、『竹中平蔵こそ証人喚問を』（七つ森書館）という本も出した。

いまこそ、それをやるべきだろう。

残業代ゼロに反対というよりも、竹中（パソナ平蔵と呼んでもいい）の残業代ゼロに反対と主張する方がずっと迫力があると思うのだが、日本の野党はそうした知恵がないし、工夫もない。

原発再稼働も問題の多い東京電力や関西電力がそれをやるんですよ、任せられるんですか、ということである。トンデモ政策は特に固有名詞をつけて考えなければならない。

首切りゴーンはなぜ批判されないのか

二〇一四年七月四日付の『産経新聞』に、「ゴーン社長　報酬10億円超?」という見出しで、日産自動車の社長、カルロス・ゴーンが、同社は自動車大手七社の中では唯一減益なのに、一〇億円の大台を超える報酬を受け取る可能性がある、と報じている。

トヨタ社長の豊田章男やホンダ社長の伊東孝紳の報酬が二億円に達しないのに、ゴーンのそれは突出しているというのである。

おかしいのは、これを報じているのが『産経』だけだということ。『朝日』も『日経』もまともに批判していない。

ちなみに、経済小説を書く高杉良も、経済評論家と名乗ることもある私も、『日経』を購読していない。『日本経済新聞』を読まなくても経済は論じられるし、逆にそれを読むと判断を誤るからである。

私は『噂の眞相』二〇〇一年二月号の「タレント文化人筆刀両断」で、カルロス・ゴーンを斬った。

その最初の部分だけ引こう。

《かつて、「日本的経営は世界一」と喧伝された。それほど前のことではない。

その「日本的経営」の柱は終身雇用だったが、それはつまり首切りをしないということである。

しかし、いま、リストラと名を変えた首切りが横行し、ルノーから日産に乗り込んだ首切り名人のゴーンがやたらにもてはやされている。私はこの烏天狗に似た男が好きになれないが、日本のマスコミの節操のなさも相当にひどい》

この時から一三年余り経って、まだ、ゴーンは日本に居残り、高い報酬を貰っている。これは「弱肉強食」を是認する新自由主義がはびこって、経営者を評価する基準が変わってしまったからだろう。かつては、首切りは経営者にとって恥ずべきことであり、それをやる経営者は評価されなかった。ダメ経営者とされたからである。だから、ゴーンなどがもてはやされることはなかった。

その時代からの生き残りで、バブル時代に断じてそれに乗っかった融資をやらせず、健全経営を貫いた北洋銀行元会長の武井正直は、二〇〇〇年一月の連合北海道の新年交礼会で「リストラをする経営者には『あなた方こそ辞めた方がいい』と言ってやりなさい」と言い切った。しかし、武井のようなトップはまったく稀な存在になってしまった。『北海道新聞』で出した武井の講演録の題名は『バカな大将、敵より怖い』である。安倍晋三のことを考えても、その通りだろう。

ゴーンについては、六月二一日号の『週刊現代』が「日産ゴーンに『年俸10億円』の価値があるのか」と題して四頁の記事を載せている。この中で、ある経営コンサルタントが「海外では報酬開示が日本よりも進んでいるうえに、株主代表訴訟があったり労働組合が強硬であったりするので、経営者は報酬が説明できる働きをしようとする」と言っているのだが……。

安倍晋三は国民を守らない

安倍晋三は典型的なマザコンのためか、母、洋子の父、岸信介の話しかしない。しかし、父、晋太郎の父、安倍寛も政治家で、戦争中の翼賛選挙に非推薦で当選した政友会の代議士だった。骨の髄からの官僚で、統制派の岸信介とは対照的なリベラリストだったのである。『毎日新聞』記者出身で元外相の安倍晋太郎はそれを誇りに思い、「私は岸の娘婿ではない。安倍寛の息子だ」というのが常だった。

晋三は、父親を疎ましく思うエディプス・コンプレックスを充満させ、晋太郎のことにもほとんど触れない。この安倍晋太郎の異父弟が日本興業銀行元頭取の西村正雄だった。

西村は二〇〇六年八月一日に急逝したが、私は西村から愚かなる甥の晋三を心配する手紙をもらったりした。たとえば、二〇〇五年四月一六日付の手紙には、こうある。

《安倍晋三に関しても、かねがね「直言する人を大事にしろ」と言っておりますので、厳しく批判して頂きたいと存じます。私にまで「次期総理確実ですね」などとお世辞を言う人もおりますが、その都度「未だ十年早い」と答えています。小泉（純一郎）離れとネオコン的体質からの脱皮が総理になる条件です。然し『文藝春秋』の五月号で彼を総理候補に挙げている人が圧倒的に多く、このような世間の風潮には危惧を感じざるを得ません》

西村は小泉首相の靖国参拝を『論座』という雑誌で厳しく批判するような、骨のあるバンカーだった。

晋三にとって、西村は煙たい叔父だったのだろう。西村が亡くなった三日後の八月四日付の新聞に、晋三が四カ月前の四月に靖国神社にこっそり参拝していたことが報道された。晋三は頭が上がらない叔父にそれを隠していたのである。西村が亡くなって、そのニュースが流れたことがそれを証明している。

こんな姑息な男が、いま、日本の首相なのである。西村は晋三の周囲に「過去の戦争を肯定するなど歴史認識が欠如している」若手議員や調子がいいだけで無責任な学者やジャーナリストしかいないことを憂えていた。

西村にとっては、晋三が首相になる前に亡くなったことが、あるいは幸せだったかもしれない。

直言する人間もいなくなって、晋三は、「過去の戦争を肯定する」どころか、日本を「戦争のできる国」にし、いますぐにでも戦争をはじめかねないありさまである。

集団的自衛権の行使容認がそのスタートだが、晋三は自衛隊の統合幕僚会議議長だった栗栖《くりす》弘臣《ひろおみ》が二〇〇〇年に出した『日本国防軍を創設せよ』（小学館文庫）の次の指摘はどう思うのか。制服組のトップはこう言っているのである。

「自衛隊は国民の生命、財産を守るものだと誤解している人が多い。政治家やマスコミも往々この言葉を使う。しかし国民の生命、身体、財産を守るのは警察の使命であって、武装集団たる自衛隊の任務ではない」

自衛隊は「国民の生命、財産を守る」のではなく、「国の独立と平和を守る」のだという栗栖は「国」を次のように規定する。

「(国とは) わが国の歴史、伝統に基づく固有の文化、長い年月の間に醸成される国柄、天皇制を中心とする一体感を享有する民族、家族認識である」とし、「決して個々の国民を意味しない」と念を押す。

つまり、「個々の国民」と「国」は別ものだと栗栖は主張するのである。

あるいは、安倍晋三はそれを誤りだと指弾するかもしれないが、晋三自身が、東京にオリンピックを招致するに際して、東京はアンダー・コントロールにあるとアピールした。あれは、原発災害に悩む福島を含む被災地を、いわゆる国が主導するオリンピックのために犠牲にした発言だろう。

どんなに否定しても、安倍晋三も栗栖弘臣やその弟子のような田母神《たもがみ》俊雄と同じ考えなのである。

そもそも自衛隊は国民を守らない

不思議でならないのは、安倍晋三が歴代の自衛隊トップの本音を知らないように見えることである。いや、あるいは、知っていて、触れないようにしているのかもしれない。自衛隊の元幹部でウルトラ・タカ派の田母神俊雄は安倍ファンらしいが、田母神の先輩の栗栖弘臣が次のようなことを言っていて、田母神の考えは自衛隊幹部に共通のものであることがわかる。

自衛隊のいわゆる制服組のトップの統合幕僚会議議長だった栗栖は、一九七八年に「有事法制がないと、侵略された場合、自衛隊は超法規的に活動せざるをえない」という趣旨の「超法規発言」をして、当時の防衛庁長官、金丸信に解任された。

その栗栖が前節で取り上げたように、『日本国防軍を創設せよ』という本で、こう言っている。

「自衛隊は国を守るというけれど、それを国民の生命・財産を守ることだと誤解している人が多い」

しかし、「国民の生命・財産を守る」のは警察の使命であり、「政治家やマスコミも往々とそういう言葉を使う」が、それは「誤解」だと栗栖は断言する。つまり、自衛隊は国民の生命・財産を守るためにあるのではない、というのである。

そして、こう続ける。

「もし戦争になったら、真っ先に死ななければいけないのは自衛隊員だ。自衛隊員も国民の一部なんだから、国民の生命・財産を守ることが自衛隊の役割だったら、自己矛盾も甚だしい」

官僚のよく使う形式論理だが、集団的自衛権の行使容認論議で安倍がズル賢く避けていたのは、自衛隊員が血を流して真っ先に死ななければいけないということだった。それは徴兵制が施行されて若者が死ななければいけないことも同じである。

では、自衛隊は何を守るというのか？

これももう一度繰り返すが、栗栖によれば、「自衛隊法にも書いてあるが、国の独立と平和を守る」のである。それでは、国とは何か？

「天皇制を中心としたわが国固有の国柄を持つ家族意識、国民意識」だという。「国柄」とはすなわち、かつての「国体」だろう。

大日本帝国の軍隊と同じく、自衛隊は「国民の生命・財産を守る」のではなく、「国体」を守るのである。

栗栖に言われなくても、軍隊が国民を守らないことは歴史的にはっきりしている。旧満州、現在の中国東北部にソ連（現在のロシア）の軍隊が入って来た時、真っ先に逃げ出したのは精鋭を謳われた関東軍だった。そのため、中国残留孤児が発生したのである。また、沖縄でも日本軍は住民を守らなかった。それどころか、スパイ容疑で沖縄の民を殺したりしたのである。

今度の集団的自衛権論議で、野党は「そもそも軍隊は」というところから出発すべきだった。もちろんいまからでも遅くない。

念ずれば花は開くか？

サッカーは貧者のスポーツといわれる。ラグビーが紳士のスポーツと言われるのと対比してである。あまり用具も要らず、どんな場所でも始められるからだろうが、だから豊かでない国でも、けっこう盛んである。

四年に一回開かれる、そのサッカーのワールドカップ。日本のメディアは予選リーグ突破は間違いなしなどと書きたてたが、結果は二敗一分けで惨敗だった。しかし、予選リーグの相手国は日本よりみんなランキングが上なのだから、順当なのである。むしろ、よくやったと言ってもいい。

ところが、予想外の結果だとして、戦犯探しまで行なわれた。

連日の紙面や画面を見ていて、私は戦争中と同じなのではないかと思った。

「数字など問題ない。必勝の信念さえあれば、物量の不足など克服できる」

こんな精神論があふれ、それに疑問を投げかけることなどできなかった。少しでも不安を口にすれば、敗北主義と罵られ、非国民呼ばわりされたのである。

ちなみに、私は国民栄誉賞なるものが大嫌いだ。いまや、完全に内閣の人気取りに利用されているそれは、人選を含めて異論をさしはさめない空気をつくっている。

もちろん、私などには無縁のものだが、もらうなら〝非国民栄誉賞〟をと言ったら、やはり不真面目だと非難されるだろうか。

先日、学生時代にサッカーをやっていた経営者と会い、いろいろ尋ねたら、「本田や香川はほとんど守備をしないので、そこをねらわれて日本はゴールを決められた」と解説された。

メディアは、世界一をめざすという本田のビッグマウスをそのまま流していたが、こうした冷静な分析を、どの解説者からも聞いたことがない。「念ずれば花開く」という言葉がある。一生懸命に祈っていれば花も咲くという意味だが、そんなことはないのである。

「勝利を信じましょう、祈りましょう」

こんな宗教的な雰囲気の日々が去って、私はホッとしている。

「ニッポン、チャチャチャ」というニッポン・バンザイの嫌いな雑音も聞かなくてすむから、予選リーグ敗退の結果に私は満足しているのである。

〽勝つと思うな　思えば負けよ

美空ひばりは「柔」でこう歌っているではないか。

また、サッカーだけがスポーツではない。私はかつて卓球をやっていたし、野球も好きで、よくスポーツニュースを見る。

それぞれがそれぞれでいいのである。

とにかく一色にまとめられるのが私は嫌いだし、サッカーを見ない人を非国民呼ばわりしてほしくない。

知恵のある二階俊博か無知な世耕弘成か

和歌山に講演に行って、現在は同じ自民党の二階俊博と世耕弘成《せこうひろしげ》の間に角逐があることを知った。二階は〝媚中派〟などと呼ばれるほど中国に人脈をもつボスであり、世耕は安倍晋三の側近で、参議院から衆議院への鞍替えをねらっている。

今年（二〇一五年）七五歳の二階は、自民党の定年制に引っかかり、次は立候補できないかもしれない。

それで、世耕がその後釜にすわろうと思っているわけである。しかし、二階は世耕にだけは譲りたくないとして、もめているらしい。

私はこの争いでは二階に味方したい。なぜかと言えば、世襲の世耕には極めて危うい感じがあるからである。私が世耕を危険視したのは、二〇〇〇年の一一月一五日だった。その日、私は参議院の憲法調査会に参考人として招かれ、護憲の立場から次のような話をした。ちなみに、当日、改憲の立場から話をしたのが西部邁《にしべすすむ》である。

「最初にちょっと意外な発言を御紹介したいと思いますけれども、一九八五年、昭和六〇年の自民党綱領、新綱領というんですか、それを制定する過程で、村上正邦会長なんかもよく御存じの渡辺美智雄さんが憲法についてこういうことを言ってます。

表現がちょっと俗というか、砕けたミッチー節ですけれども、『気がすすまない女房を親やまわりに押しつけられた。いつか代えよう、いつか代えようと思っているうちに、四〇年も経ってしまった。見直してみると、こんな女房でもいいところはある。第一、四〇年大過なくやってきたし、いい子もつくってくれた。何より四〇年間に自分もなじんでしまった。むかし、代えようと思っていた気持ちもだんだん変わってくる』と。私はこれは見事な現実政治家の感覚だと思いますけれども、ここにお集まりの皆さんがこの渡辺美智雄さんのような良識をぜひこの会で発揮していただきたい」

渡辺美智雄は石原慎太郎などと共に青嵐会をつくったタカ派中のタカ派である。このミッチーがこんな「保守の知恵」をかいま見せる発言をしていた。改憲論者の方が多い憲法調査会で、それを紹介して、少しでも流れを変えられれば、と私は思った。

そんな私の苦心をぶちこわすように、世耕が質問したのである。

「私は先輩たちのそういうアイマイな部分も変えていきたいと思ってるんですが……」

これを聞いて、安倍や世耕などボンボン政治家たちに共通する未熟さを思った。まさに火遊び感覚なのである。

従軍慰安婦に関わる「河野（洋平）談話」の見直しにしても、そんなことをしたら、世界が日本をどう思うか、などということはまったく考えない。果ては安倍側近が、河野を国会に呼ぶことを提案したが、そんなバカなことをするのかと一喝して本気で止めたのは二階だった。知恵のある二階と知恵のない世耕の差はあまりにもはっきりしている。

ドクロ印の三菱重工の復活

武器輸出禁止の条件が事実上なくなって、三菱重工業ならぬ三菱軍需工業が大復活しようとしている。

一九八八年夏、私は当時同社の会長だった飯田庸太郎にインタビューした。「重厚長大はヌカミソ女房と同じ」と題されたそれは『潮』に掲載されたが、私はこんな「あとがき」をつけている。

《最後に、あの三菱重工爆破事件を起こした東アジア反日武装戦線「狼」部隊の大道寺将司らのことを書いた松下竜一の『狼煙を見よ』（河出書房新社）という本を読んだか、と尋ねた。するど飯田は「読んでいません」と答え、「そういうのを読むことは、やはり、ある特定のグループを敵対視するというか、敵視することにつながっていくでしょう」と、つけくわえた。そうだろうか。べ平連（ベトナムに平和を！市民連合）が反戦平和を訴えて、三菱重工に押し

かけた時、当時の社長、牧田与一郎は、べ平連のリーダー、小田実の本などを読んでいた、といわれるのだが……》

その牧田をモデルに書かれた小説が清水一行の『燃え尽きる』（角川文庫）である。扶桑重工の井阪隆太郎として登場する牧田は、馴染みの新聞記者にこう言われる。

「ぼくは初めて井阪さんに会ったとき、なんと向う気の強い男だろうと思ったが、あの倅も相当なものですぜ。親父の会社へ、ベトナム反戦のプラカードをかかげてデモをぶっかけるなんて、われわれの時代には考えられなかった。そうでしょ。秘書課長が大分苦労してましたぜ。ビルの入り口の前で、坊ちゃん、もう帰って下さい。お願いしますよ坊ちゃん、てね。井阪隆太郎の三男坊が、デモの先頭に立っていたんじゃ、警官を呼ぶわけにもいかないでしょう」

牧田は、べ平連の一株株主たちから、お前のつけてるのはこの仮面だ、とドクロの仮面を突きつけられても毅然とした態度をとりながら、一方で、「若者を殴っちゃいかん。どんな思想をいま持っていようと、次の時代の日本をせおってゆくのは若者だ。彼等の主張がたとえどうであれ、殴るってのは最低だ」と強くたしなめていた。

こうした信念を感じさせる経営者はいなくなった、と清水一行は言い、

「牧田のような人間は、いまだったら社長になれないでしょう。いまは、ああいう人をはずしていく傾向がありますからね」と言葉を継いだ。

この傾向はますます強まっているのだろう。「死の証人」を意味するドクロの仮面を突きつけられても平気な人間が三菱重工に入り、中でも鉄面皮な人間がトップとなって、他人の生命を奪う武器で商売する。

特に三菱重工は「国家と共に歩む」をスローガンとして、軍産複合体の中核となる。原発も含めてそこには「平和」など入り込む隙がなく、国家を軍事化していくのである。

NHKは〝強い者いじめ〟をせよ

小保方晴子《おぼかたはるこ》をNHKの記者やカメラマンが追っかけまわし、逃げようとした彼女は怪我をしたらしい。それでNHKは彼女の弁護士に「行き過ぎた取材」を謝ったとか。

NHKに限らないが、メディアは安心して追いかける人間は追いかけ、少しでも肩書や権力のある人間には尻込みする。しかし、逆でなければならないのではないか。

「弱い者いじめ」ではなく、「強いものいじめ」をするのが、批判を生命とするメディアの役目だろう。

たとえばNHKは、東日本大震災で東京電力の福島第一原発が破綻した時、連日のように東大教授の関村直人を登場させ、

「メルトダウンはしていません」

とコメントさせていた。

そう言えないような状況になったら関村は出てこなくなったが、だから私は、

「そんな関村のアタマが最初からメルトダウンしていたのだ」

と皮肉っている。

それはともかく、専門家である関村はなぜあの時そう言ったか、いまこそ問い詰めなければならないだろう。

視聴者への責任という意味からも徹底的にそれをやらなければならないと思うのに、まったく頬かむりである。

「専門バカ」という言葉がある。専門のことは詳しくとも世間常識には乏しい学者についてそう言われるが、関村の場合は「専門もバカ」と言わなければならない。

彼に対しては、それこそ、「行き過ぎた取材」といわれるような追及をNHKはすべきである。しかし、今のNHKには望むべくもないのか。

NHKの番組改変問題で、首相になる前の安倍晋三が介入したと『朝日新聞』に書かれたことがあった。

それについてジャーナリストの魚住昭は、私との対談『安倍晋三の本性』（金曜日）で、こう言っている。

《本田雅和記者が、夜遅くにいきなり安倍さんの家にやってきて、妻が「主人は風邪で寝込んでおります」と言ったのに「会ってもらえなければ取材拒否ということにしますよ」と言ったとか、インターホンを切っても延々と5分間もインターホンを押し続けたとか（安倍は）しゃべりまくっている。

取材が「夜遅かった」というのは嘘です。実際には午後6時過ぎだということは朝日新聞社の取材用の車の運行記録にも残っています。

安倍夫人が「主人は風邪で寝込んでいます」なんて言ったこともない。普通に「ちょっとお待ちください」と安倍に取り次いでいる。

さらに5分間もの間、インターホンを鳴らし続けたというけれども、実際に取材したのは15分間ぐらいインターホン越しに行なわれている。

このインターホンは3分で自動的に切れるようになっている。切れるとまた押して、向こう側が対応すればまた3分間話すという繰り返しです。

5分間鳴らし続けたとか、相手が出てくるまで鳴らし続けたとか、向こうが拒否しているのに無理やり話させたとか、そういうのは事実と違います。大嘘なんです》

そして魚住は「嘘の言い方が非常にうまい」と続けたが、そんな安倍にこそNHKの記者は「行き過ぎた取材」をしたらどうか。

社長たちは無能なのか？

東京電力元会長の勝俣恒久ら、東電の元幹部三人が、東電福島第一原発の事故に関連して、検察審査会で「起訴相当」と判断された。検察が不起訴としたのを覆したのである。そもそも勝俣らに責任がないというのは納得できるものではなかった。「脱原発弁護団全国連絡会」を立ち上げた河合弘之は、原発を再稼働させないために、東電等に対して株主代表訴訟を起こし、経営者の個人財産責任を追及している。東電という会社（法人）を監獄に入れることはできないので、そのトップの個人責任をあくまでも問おうとしているのである。

オイルショックのころの一九七三年、熊本の大洋デパートで火事があり、店員と客がほぼ五〇人ずつ、計一〇三人が死亡した。その時、社長は一番先に逃げて助かったという。先ごろ、韓国で似たようなことがあったが、これについては日本の方が〝先輩〟である。

大洋デパートの事件を船の遭難にたとえて、労働法学者の松岡三郎が、ある雑誌に、

「船長は一番最後まで残るのではないか」と書いたところ、

「悪意で反論するのではないが、船員法が改正されて、船長が一番先に逃げてもいいことになっている」

という答が返ってきたとか。

また、一九六八年のPCBカネミ油症の問題が発生し、刑法二一一条の業務上過失致死罪で当時の社長と工場長が起訴されたが、この罪を成立させるためには、

一、因果関係のあること

二、事故発生を予見していたこと

三、結果回避義務違反のあること

四、具体的監督義務をもった業務上の地位にあること

の四つを検事が立証しなければならなかった。

それで、工場長は完全に立証され、一年六カ月の実刑判決を食らったけれども、社長は無罪になった。

なぜか？

まず、社長は因果関係はあるが、PCBが米ヌカに混入することの予見可能性はあっても、

有害であるという認識はなく、また、技術的側面は工場長に全部委ねていて、社長は事務系であるために、そちらの能力はなかった。そして、社長は事務的な総括責任者で具体的な監督義務を持っていないとし、無罪になったのである。

それで患者たちは、

「技術的に知識も能力もない者でも社長が務まるのか。社長とは本当にラクな仕事だ。能力なければ責任なしか」

と恨みまじりに言ったという。

もし、東電でも同じ結果になるなら、私たちは無能な勝俣らに私たちの安全を委ねていたことになる。多分、勝俣らは自分たちは無能だったと言って逃げ切りを図るだろう。安全神話をつくりあげた彼らに私たちはまた騙されてはならない。

笑いが殺される日を前に

今度、私の緊急対論集『民主主義の敵は安倍晋三』（七つ森書館）を出したのは「笑いが殺される日を前に」という気持ちからである。

松元ヒロとの巻頭スペシャル対論は、この対論集のためにやった。題して、

「安倍晋三の敵は松元ヒロ」

松元は知る人ぞ知るお笑い芸人だが、安倍に呼ばれて喜んで首相官邸に行くようなビートた

けしとは違って、権力への毒を含んだ危険な笑いを放つ。

ために、いまの、テレビには出られない。

テレビのディレクターたちが松元のライブに来て、

「いやあ、ヒロさんおもしろかった。しかし、絶対テレビには出せない」

と言っていると聞いて、私は腹が立った。

「ヒロさんの話はオレはわかるが」といった訳知り顔の態度をとっているわけだが、それは松元の笑いを知らないディレクターより、もっと質《たち》が悪いのではないか。

その対論で私がそう問いかけると、

「ああ、そうですよね。テレビ局の関係者のいる前でそうしたギャグをやると、みんな笑って免罪符をもらった気になっていますが、本当はそうですよね」

と松元はうなずいていた。

極端に言って、安倍晋三は笑えない人で、笑われる人である。

近年の日本で、極端に笑いが絶えたのは、昭和天皇が亡くなった時だった。それは下血騒ぎから始まっていたのだが、「歌舞音曲の自粛」である。それはつまり、笑いの自粛となる。

「そうでしたね、笑いを抑えますね。笑いものにするなとか、真面目になれとか」

と当時を振り返った松元は、

「いつもそうですよね。軍国主義に進むということは真面目になれということで、お笑いというのはそれと一番対極にありますね」

と断言する。

「だから安倍晋三の敵は松元ヒロ」となるのである。

笑いはズレとか違いを認めるところから生まれるが、安倍は自分と違う考えの持ち主とかを許せない。極めて狭量な人間である。

安倍の敵の松元は語る。

「最近それをすごく感じます。同じ行動しか認めないというか。私とあなたとか、共通する以外は認めない、教科書もこれ以外は認めないなど、安倍さんはそれが強過ぎますね。戦争にならないのはなぜかというと、そういうのもあるよね、こういうのもあるよね、キリスト教もあれば仏教もあるよね、でも仲良く生きようね、と違いを認め合えるからなのだけど、これしか認めないというのが強い人は、すぐ戦争に向かってしまいます」

テレビではお笑い全盛のように見えるが、権力への毒を含むものはほとんどない。安倍政権が続けば、確実に松元的な危険な笑いは殺される日が来るのである。

謝れないコドモ、安倍晋三

二〇一四年八月一四日付の『日刊ゲンダイ』に政治評論家の野上忠興が興味深いことを書いている。

言うまでもなく、安倍晋三の母親、洋子は岸信介の娘だが、安倍家の事情に通じる関係者によれば、晋三の岸信介への強い思い入れは、

「おじいちゃんをほめれば、お母さんが喜ぶという母親への愛情に根差しているのではないか」という。

頷ける指摘だろう。

晋三の乳母役だった久保ウメのこんな証言も野上は引用する。

「すねる晋ちゃんに、てこずることが多くなった。例えば、寛ちゃん（晋三の兄の寛信）を風呂に入れる時間が長ければすねる。朝、寛ちゃんの幼稚園の支度にかかりっきりになれば、またすねる。なだめるのに大変だった」

ウメは、晋三が「中学生になっても添い寝をせがむこどもだった」と振り返ってもいるが、いまもコドモのままだと言わざるをえない。余裕とか幅とかはまったく感じられず、コドモ的な好き嫌いを前面に出して独りよがりの政治をやっている。

学校や教師に苦情を言うモンスター・ペアレンツが騒がれたことがあったが、安倍晋三はアレと同じ性質のモンスター・ミニスターである。安倍の母、洋子が二〇〇三年一一月号の『文藝春秋』で息子の晋三について語っている話がそれを裏付ける。

「ほんとうに納得がいかないとおさまらないところがありました。私は選挙のことや何かで出かけることが多かったのですが、そのときには、前もって『今日はこういう理由で出掛けるから』と晋三につたえておかないといけない。何も言わずに出掛けて、晋三が帰ってきたときに我が家にいないと、あとで『今朝、何も言わなかったじゃないか！』と怒られました」

自分に子どもがいないこともあって、いまも晋三はこの母と食事を共にすることがよくあるらしい。つまりはコドモから脱却していないのである。

それは弊害として「謝れない」ことに表れる。たとえば「村山談話」に対してである。

社会党（現社民党）の村山富市は首相になるや、アジア諸国への植民地支配を謝罪した「村山談話」を発表した。これは中国や韓国他、日本が侵略したアジア諸国から信頼を回復するのに大きな役割を果たしたのだが、安倍晋三は自分が首相になった時にはそれを踏襲すると宣言しながら、一度辞めた時に、こう弁解したのである。

「自分としては村山談話は踏襲しないと言いたかった。けれども平成一〇年一一月の小渕総理と江沢民との間の共同声明には、村山談話を重視し云々という文言が盛り込まれている。そして、この共同宣言は、中国側は、日中共同声明、日中友好平和条約に次いで重視していることなので、一方的に反故にすることは国際信義上できないと考え、踏襲すると答弁した」

少なくとも一国の首相なのである。「踏襲する」と言ったら、それで通すべきだし、どうしても「踏襲したくない」のなら、一度「踏襲する」と言ったことを深く謝罪した上で、次の行動に踏み出すべきだろう。そうでなければ、それこそ「国際信義上」日本が信用されないことになる。

安倍晋三の場合は、「謝れない」というコドモ的性格の上に、おじいちゃんの岸信介がアジア諸国への侵略に深く関わっているので「謝りたくない」という個人的な気持ちが重なっている。

いずれにしても、首相にしておいてはならない性向である。

安倍晋三が尊敬する、祖父、岸信介の大罪

「僕は個人的には、戦犯容疑で囚われておった人が日本の内閣の首班になるというのは一体どうしたことかという卒直な疑問を持ちました。文字通り統制経済の総本山の方ですよね。そして中央集権主義的な行政のあり方、政治の主張、これを色濃く持っているかたですから」

これは安倍晋三が大尊敬する祖父の岸信介が首相になった時の後藤田正晴の「卒直な疑問」である。

田中角栄に信頼され、望まれて中曽根（康弘）内閣の官房長官となった後藤田は、中曽根が一九八七年に中東ペルシャ湾に海上自衛隊の掃海艇を派遣したいと言い出した時、職を賭してそれに反対してストップさせた。

そんなことから保守派の良心と目された後藤田にとっては、岸が首相になることなど論外だったのである。

祖父が日本を悪くし、孫がさらに劣化させている。

岸については、先輩首相の鳩山一郎も宇都宮徳馬にこう嘆いていた。

「君、岸君は悪いねぇ、総理大臣が金もうけしちゃいかんよ」

岸とスカルノが主役のインドネシア賠償汚職が起こったのは一九五九年だが、重要な脇役の根本七保子を主人公にした梶山季之の『生贄』（徳間書店、絶版）は、森下商店こと木下商店からアルネシア（インドネシア）のエルランガ（スカルノ）大統領に贈られた〝生きたワイ

ロ〟の「笹倉佐保子」、つまり、のちのデヴィ夫人から名誉毀損で訴えられた。

その前年、岸は突然、国会に「警察官僚職務執行法改正案」を提出している。

「デートもできない警職法」として反対運動が巻き起ったこの法案に対し、岸に対抗して自民党総裁選に急きょ出馬することになる松村謙三は、他人の悪口をあまり言わない松村にしては珍しく、

「法律を盾に、総理大臣の命令でふんじばるというのか。それでは強権政治じゃないか。岸君は政権をとったけれども、功績は何一つない。強いてあげれば、保守党を害していることだけだ」

と強い口調で批判した。

勝てそうにない総裁選にあえて立候補した松村は、驚く仲間に、

「岸君の、金権や派閥によって政治をもてあそんでいる政治を直すための立候補なのだ。一矢を放って反省させられれば、それで目的が達せられるよ」

と静かに言ったという。

一九六〇年には安保反対の大闘争が展開されたが、岸なるが故に、さらにそれが盛り上がったといわれる。

「キシヲタオセ」

の大合唱が日本列島に渦巻いたが、

「アベヲタオセ」

にならないものか。

絶対的被害者としての慰安婦

従軍慰安婦問題で虚偽の証言を取り上げたと『朝日新聞』が攻撃されているが、それで従軍慰安婦がいなかったというような論調は国際的に認められるわけがない。

とにもかくにも『朝日』憎しと批判している『WiLL』の編集長、花田紀凱は稀代の食わせ者である。

かつては『文藝春秋』にいてユダヤ人排撃記事で問題となり、一時は『朝日』の碌を食んだ。その前から『朝日』を批判していたのに『朝日』に入ったわけだが、その辺りからして出処進退が怪しい。

さらには、あの東日本大震災の時、花田は東京電力会長の勝俣恒久らと一緒に中国にいた。それゆえか、福島第一原発が爆発してからも、精一杯、東京電力の肩を持って、反原発、反東電に水をかけている。

およそ、公正さとは正反対の人間だが、こうした花田のような人間が『朝日』批判の先頭に立っていることは記憶しておいた方がいいだろう。

二〇〇〇年の一二月、ＮＨＫが日本のＮＧＯ主催の戦時慰安婦問題をテーマとする民衆法廷「女性国際戦犯法廷」を取り上げ、これに当時官房副長官だった安倍晋三がイチャモンをつけた。

ＮＨＫはその前身の日本放送協会が戦時中に軍部の大本営発表をそのままタレ流したことを

反省し、不偏不党、公正中立を旨とする「放送法」を基本として出発したが、安倍のようなタカ派ならぬバカ派の政治家はいつも内容に口を入れようとしてきた。

ＮＨＫでディレクターをし、いま、「女たちの戦争と平和資料館」の館長をしている池田恵理子は、ＮＨＫ現会長の籾井勝人の「慰安婦はどこの国にもあった」という発言に、こう反駁する。

「日中戦争の最中からアジア太平洋戦争が終わるまでの長期間、アジアの全占領地域に慰安婦を設置し運営し続けたような国は歴史上、日本以外にありません」

慰安婦が本格的につくられた契機は南京大虐殺だった。強姦が多発して中国人の反日感情が高まり、国際的にも激しい非難を浴びて困った大日本帝国の軍隊の上層部は強姦防止のために慰安婦をつくる。しかし、それで強姦は減らなかった。

敗戦を前に彼らは証拠隠滅を図り、慰安所関連の資料の焼却を各部隊に指示している。

池田は阪神淡路大震災が起こった一九九五年にＮＨＫ教育テレビ（現在のＥＴＶ）で「震災から戦後日本を問う」という番組をつくり最終回で久野収と小田実に対談してもらったという。「戦後の日本が忘れていることがたくさんあって、その最たるものが『慰安婦』問題だ。日本軍兵士も無謀な戦場に駆り出された被害者だが、彼らは慰安婦に対しては加害者となった。絶対的被害者は『慰安婦』なのに、われわれはこの問題にきちんと向き合ってこなかった」。二人はこう語ったとか。

安倍や花田は「絶対的被害者」を消したいのだろう。

目糞、鼻糞を嗤う

従軍慰安婦問題で『朝日新聞』が過去の記事を取り消したことに対するバッシングがすさまじい。新聞は『読売』や『産経』が中心で、週刊誌は『新潮』『文春』に『ポスト』さらには『現代』までが加わっている。

私は『週刊現代』のアンケートを断った。どう書いても、いまはバッシングの波にのみこまれると思ったからである。

『朝日』については、現首相の安倍晋三を中心に北朝鮮の拉致問題でも「冷たかった」とか、「かつて北朝鮮を地上の楽園と賛美した」という批判があった。

しかし、これは事実に反する。

『朝日』だけでなく『産経』や『読売』も北朝鮮を賛美していたのである。

たとえば一九六〇年一月九日の『読売』は平壌で新春を過ごした特派員の報告を載せている。題して「北朝鮮へ帰った日本人妻たち」。

「夢のような正月」という見出しもついて「夫の祖国に帰った日本人妻たちはみんな喜びと幸福にひたっています。新潟を出港するまでの不安や心配は、国をあげての大歓迎にすっかり消しとんでしまったようです」とある。

日本人妻の代表が金日成首相に招かれて新年宴会に出席したことや、希望の職についたことから「日本で貧困と、ときには屈辱の生活をおくっていたその妻たちは夢のようなお正月。まだ日本で帰国をためらっている同じ境遇の人たちに『早く来るように伝えてほしい』と口をそろえて語っている」と続く記事はまさに北朝鮮の宣伝文句そのままと言ってよい。

正月用に餅やおせち料理が特配されるなど豊かな生活ぶりも伝えて「記者が見たすべての日本人が、朝鮮にきてほっと解放されたような安らぎを見せている」とし、「みんなが希望にあふれて前方をみつめている」とか。

次に『産経』だが、一九五九年一二月二四日付の社会面に「暖かい宿舎や出迎え、細かい心づかいの受け入れ」という見出しで北朝鮮の清津《チョンジン》発の記事を掲載。

それによれば、まず大きな休息所に入ると「熱風を送る装置があって部屋は暖かく、千人近い帰国者をすっぽり収容してまだおつりがくる広さだ。こういうことのできる母国の経済力に帰国者は驚き、安心したに違いない」という。

記者が感銘を受けたのは、「みんなが同胞を迎える喜びにあふれていたこと」で、「準備が行き届いていて、たとえば料理でも（略）万事に細かい心づかいがあらわれている」と続き、これに感謝して「肉親でもこんなにあたたかく迎えてくれるとは思えませんでした。私には手に職がありませんので何でもやって働きます」と語る帰国者の言葉も紹介されている。

寡聞にして私は『読売』や『産経』がこうした北朝鮮礼讃記事を取り消したという話を聞いたことがない。居丈高に『朝日』を批判する両紙を見ていて思い出すのは「目糞鼻糞を嗤う」という諺である。

『サンデー毎日』の笑止千万

『サンデー毎日』が二〇一四年九月二八日号で、「『朝日新聞』記事取り消しの衝撃」を載せているのを見て笑止千万と思った。

私は同誌編集長の潟永秀一郎に連載コラムで池田大作を取り上げたのを撤回させられた。

その時、〝大人の対応〟で、私はすぐ別の原稿を書いたが、もし、突っぱねていたら、『朝日』が池上彰の原稿を一度は拒否して問題になったのと同じように、潟永のクビが危うくなっただろう。

その恩を仇で返すように、潟永はしばらくして私の連載を打ち切るという行動に出た。私への「恩」より、池田への「思い」が強かったのだと思われる。

私は最初『毎日新聞』が『聖教新聞』を印刷しているために創価学会に弱いのかと思って、撤回を了承してしまったのだが、そうではなく、潟永の個人的事情だった。

『創』の五・六月合併号で、インタビューに答えている潟永は、私が「池田大作」と呼び捨てにしてるのに、「池田名誉会長」と尊称をつけている。

テリー伊藤と共編著で『お笑い創価学会　信じる者は救われない』（光文社知恵の森文庫）を出している私とは真反対の対応である。

青木理のペンによる『サンデー毎日』の記事にはこんな一説がある。

「たとえば読売新聞の記者を名乗る男性は会見で気色ばんだ様子でこう詰め寄った。

『御社には、自発的に物事を検証する能力がないのではないか。自浄能力がないのではないかと感じる。そのことを社長はどうお考えか』

呵々。よくもこれほど厚顔な質問を吐き出せるものだとでんぐり返った

私は『サンデー毎日』、なかんずく編集長の潟永にこそ「自発的に物事を検証する能力」を求めたい。それを求めないで、青木も「でんぐり返っ」ている場合ではないのである。

ここで参考までに『創』の二〇一四年二月号に掲載した「タレント文化人筆刀両断　池田大作」を掲載しておこう。

猪瀬直樹を自民党や公明党の議員が居丈高に追及しているのを見ると、いささかならずシラケる。おまえたちがこの欠陥候補を推したことを忘れるなよと言いたくなるのである。

その公明党の支持母体である創価学会を大きくしたのは池田大作だが、学会はいま、問題の徳洲会と似た構造的危機を抱えているといわれる。

徳洲会は〝創業者〟の徳田虎雄を擁する徳田ファミリーと、徳田の側近だった能宗克行をはじめとする官僚群に割れ、能宗がファミリーの乱脈を告発する形で腐敗が世に出た。創価学会に腐敗があるかどうかは知らないが、〝中興の祖〟の池田をかつぐ池田ファミリーと、池田の手足となって学会を拡大させてきた〝実力者〟との間に葛藤がある点が似ているのである。

池田は学会の創設者ではない。学会の初代会長は牧口常三郎であり、牧口は戦争中に治安維持法違反と不敬罪で逮捕され、獄死した。二代目の戸田城聖もやはり投獄されている　そうした歴史を考えるならば、学会は当然、〝平成の治安維持法〟といわれる特定秘密保護法に反対

すべきだったのに、三代目の池田（現名誉会長）の下、学会（および公明党）は賛成してしまった。

池田ファミリーはともかく、実力者たちがそれに不満を抱かなかったはずがない。池田について、『仁義なき戦い』の脚本家、笠原和夫がこんな証言を遺している（笠原和夫『昭和の劇』太田出版）。

「ちょっと池田大作のことを調べたことがありましてね。そうしたら、かなりひどいことをやってるんですよ。池田大作は青年部にいた前、財務を担当してたんですよね。そこで高利貸しをやってたんですよ。それで、苦しい商店街とかあるでしょ？　そこに金を貸して、返せなくなると、即刻、土地を担保に取っちゃうんですよ」

取った後に、新しい職を見つけてやったり店を開かせたりして学会に取りこんでいく。池田より一歳上で、観念だけでは生きられないという同じ戦後的人間の笠原は、それを「偉い」と思って映画化しようとしたがダメだった。

「要するに、観念でもって今さら宗教だなんて言うやつはおらんと。金だと。食うためにやるんだと。現実主義で金を集めるために宗教やるんだと。じゃあ、それを誰がやるのかという時、俺がやってやるよと出てきたのが池田大作なんですよ。宗教家なんていうのは、みんな金貸しなんてやりたくないわけでしょ？　それで返せなくなったら土地を取り上げるなんてことは一番汚い。要するに手が汚れる話ですよ。それを誰がやるのかという時に、俺がやってみせると。それが池田大作の今の出世の基なんですよ」

池田に対するホメ殺しのような笠原の「礼讃」だが、要するに池田が支配者となったのは、キレイゴトによってではないということだろう。しかし、こうした過去は完全に消されて、偉大なる池田大作という神話が完成されている。そして、潮出版社等のお抱え出版社から神話集が出されているのである。

たとえば池田がその成立を強く望んでいたといわれる個人情報保護法という名の池田疑惑隠し法案に、危機迫る形で反対していた城山三郎が、公明党にも働きかけ、当時、同党の国会対策委員長だった太田昭宏（現国交相）に会うことになった時、私も一緒にと誘われたが、公明党から断られた。

テリー伊藤との共編著で『お笑い創価学会　信じる者は救われない』（光文社知恵の森文庫）を出している私には会いたくないということだった。

批判に弱い池田らは自民党と組んで日本を奈落に落とそうとしている。

カッポウ着と国防婦人会

一瞬の栄光だった理研の小保方晴子はカッポウ着が話題となった。

いまの世にちょっと合わない感じがしたが、アレがある種のユニフォームだった時代があった。たとえば、壺井栄原作で木下惠介によって映画化された『二十四の瞳』では、ヒロインの高峰秀子らがカッポウ着にタスキ姿で登場する。出征する兵士を送る場面で、タスキには「大日本国防婦人会」と書いてある。

いま、安倍晋三の応援団で愛国を叫ぶ櫻井よしこと、かつて存在したこうした人たちが重なって、本棚から藤井忠俊著『国防婦人会』（岩波新書）を取り出した。副題が「日の丸とカッポウ着」である。

最初は、なぜ、「愛国婦人会」ではなく、「国防婦人会」なのかと思っていたが、読み進めていって謎が解けた。

まず、満州事変の翌年に大阪国防婦人会が誕生する。大阪防空献金運動開始直後の一九三二（昭和七）年だった。発起人は安田せいで、すでにカッポウ着にタスキ姿である。

その詳細な歩みは『国防婦人会』を参照してほしいが、興味深いのは先行していた組織「愛国婦人会」との違いである。愛婦本部発行の『愛国婦人読本』に、愛国婦人会に対して次のような非難があったことが書かれている。

「一、愛国婦人会は一部上流婦人や有産婦人の会合である。一、白襟紋付でなければ出られない会である。一、一般会員から金を集めるばかりで何もしない会である」

愛国婦人会は戦前の一大官庁だった内務省の肝煎りで始められたが、国防婦人会は陸軍がバックについていた。

若き日の市川房枝が『婦人公論』の一九三八年一月号で、その違いをこうまとめている。

「国防婦人会は、愛国婦人会が紋付羽織階級の婦人達の会で、大衆的ではなく、会の目的も軍事的後援よりも社会事業方面の色が濃くなって来た事に対しての、軍部の不満から生まれたものだといって差し支えないようである。

従って愛国婦人会とはその創立当初から対立している訳で、愛国婦人会の欠点と思われる点に意を用い、大衆の婦人の獲得に努力した。エプロンを制服にきめたのも、会費を極めて低廉にしたのもその為で、その戦略は流石に巧妙なものであった」

そして愛国婦人会は、いつのまにか国防婦人会に吸収されていく。

一九四〇年に政府は贅沢品の製造を禁止し、国防婦人会を中心とする婦人団体が街へ出て、「華美な服装はつつしみましょう。指輪はこの際全廃しましょう」といった警告カードを渡したが、これは、ある意味で愛国婦人会への〝警告〟とも言えた。

街には「ぜいたくは敵だ！」の看板が立ち並び、「欲しがりません、勝つまでは」といったスローガンが高唱された。

小保方晴子のカッポウ着に、そんな暗い歴史を振り返ってみてもいいだろう。

「ダメなものはダメ」という原理

土井たか子さんが亡くなった。

土井さんとの共著で『護憲派の一分』（角川ｏｎｅテーマ21）を出したが、その「おわりに」を土井さんは「２００７年3月22日、城山三郎さんの訃報を聞いた日に」と結んでいる。

城山さんは一九二七（昭和二）年生まれで、土井さんは翌二八年生まれ。共に「軍国少年」と「軍国少女」だった二人に対談をしてもらったこともある。

少年兵として苦汁を嘗めた城山さんはいつも、「戦争はすべてを失わせる。戦争で得たものは憲法だけだ」と言っていた。

だから土井さんも、改憲はもちろん、解釈改憲もダメ。

ダメなものはダメという気持ちだったろう。

それだけに現在の状況には苛立ちを強めていたと思われる。

土井さんは社民党党首をやめた後、「憲法行脚の会」をつくり、護憲運動に力を注いだ。私もその手伝いをしたが、二〇〇四年六月四日に発足したこの会の結成呼びかけ人は、アイウエオ順に落合恵子、姜尚中、佐高、城山、辛淑玉、土井、そして三木睦子の七人である。

私は『護憲派の一分』には収録されていない対談で、土井さんに、

「革新という場合でも、革新のなかの保守的部分といいますか、たとえば土井さんに対する信頼も、がんことというか保守的な部分に対する信頼というのがあるわけですよね。だから革新というのは何にでも時流に乗っかっていくということではなくて、逆に何かを保守する。たとえば、ちょっと古い感じになりますが、砂川事件でも三里塚闘争でも、なぜああいう運動があれだけの力を得ていくかというのを振り返ってみたとき、つまり自民党に投票しているような人が反対にまわったときに運動が動いているわけですね。砂川だって完全にそうでしょう。最初は『労働組合は入るな』と言っていた人たちが、組合などと手を結んだときにあれだけのエネルギーを蓄えた」

と問いかけ、土井さんも、

「たしかにそうです。本来イエス・ノーという問題について、初めからあの人の場合は『ノー』というはずがないという目で見られている人が『イエス』と言った時には、何の衝撃もインパ

クトもない。あの人は『イエス』と言うに違いないと思われている人が『ノー』と言った時に非常にインパクトとか衝撃があるわけです。事柄を変えていくというのは、思っているとおりだというときにはあまり『変わった』とみんな実感しない。やっぱり思っていることとはだいぶ違ってきたというときに、『ああ、変わってきた』と認識するわけですから、いま佐高さんがおっしゃることは出来事を通じて、経験に照らしてそう思いますね」

と応じていた。

土井ブームを起こし「山が動いた」と言った土井さんには、その変化を実現させる華があった。ある種のスターだったのである。

二〇〇四年一月、土井さんに寄せて書いた拙文を再録したい。

本の表紙だけ替えても中身が変わらなければ意味がないとして、首相の座を蹴った元外相伊東正義は、保守の政治家には珍しく、勲章を拒否した人だった。

その追悼集『伊東正義を偲ぶ』で、土井たか子は「実在する好ましい政治家像」をいつも伊東に重ね合わせていた、と語っている。

伊東と土井は共に衆議院第二議員会館に入っていて、しかも同じ三階に部屋があったので、時々エレベーターで一緒になった。

「土井君、会津若松へ応援に来るんだって？　あんまり票を持って行かんように頼みますよ」

こう声をかける伊東に土井が、

「白虎隊が動ずるはずがないでしょう」

と返すと、伊東は、

「あはは。そりゃそうだ」

と笑った。

土井が女性として初の社会党委員長になった日、伊東は真紅のバラを持って土井の部屋に現れ、

「これからいろんなことがあるだろうが、くじけないでがんばって下さいよ。大変なときの委員長だねぇ」

とニコニコしながら励ましたという。

その伊東が外相時代の国会質問の思い出を記者に聞かれて、

「土井君から東南アジアでの買春観光を聞かれて一番困ったねぇ。オレも男だからなァ――」

とはにかみながら答えたとか。

「頑固なまでに大事な局面でスジを通し、損得を考えず、不器用といわれても自らの良心に率直だった」伊東に、土井は「政治家としての気骨と風格」をしみじみ感じていたのだった。

ただ、特に男の政治家には、伊東のような「気骨と風格」を感じさせる人間が少なかった。

それは、保守はもちろん、いわゆる革新の側にでもある。

土井が昔からの知り合いの女性たちと四、五人で話していた時、ある評論家が別れた夫がいかに封建的だったかを語った。すると、黙って聞いていた土井が、

「夫婦は別れられるからいい」

と呟いたという。

「女を委員長にするほど社会党は落ちぶれていない」

ある幹部がこう吐き捨てたとも伝えられる社会党の中にこそ、女性蔑視の封建性は色濃くあった。土井はイヤというほどそれを味わわされてきたのである。

今度の選挙での敗北を受けて、ある記者が、

「彼女は謝りべただよ」

と言った。拉致問題でも、謝ってしまえばよかったというのである。しかし、あれは土井に責任があったことなのか。いくら、社会党が北朝鮮と友党関係にあったとはいえ、土井はむしろ、韓国の金大中《キムデジュン》などと親交が深かったのであり、北朝鮮と近かったわけではない。

村山富市から懇願されて社民党党首となったのが、その一番の例だが、土井はいつも、社会党や社民党の「男」たちの後始末という損な役割を引き受けさせられてきた。

一九九二年九月、『日本経済新聞』に連載した「私の履歴書」で、土井は一九六五年神戸市の人事委員になった時のことを書いている。当時三〇代半ばで同志社大学の講師だった土井は、市職員の採用試験にも立ち会った。試験委員は、女性と見ると、たいてい、「結婚してもやめませんか?」とか、「出産したらどうですか」と質問する。

それにカチンときた土井は、ある男性受験者に、「あなた、結婚してもやめませんか」と尋ねた。これには本人がキョトンとし、他の試験委員も一様に変な顔をしたという。

一九六八年の暮から六九年の初めにかけて、恩師の田畑忍にも勧められたけれども立候補を固辞していた土井は、

「憲法から政治が離れていく。選挙に出て下さいといわれて、逃げることばかり考えている自

分がいかにも情けない。何のために今まで憲法の勉強をしてきたんだろう」と思うようになる。

以来、三五年近く、土井は「平和憲法を守れ」と訴えてきた。それにしても、七〇年一月一四日の衆議院初登院の日に、受付で男性用の議員バッジしか用意がなく、女性用のピンでとめる臨時のバッジをつけてもらったというのはあまりに象徴的である。

かつての「土井人気」はすさまじいものだったが、それについて、数人の記者と土井の秘書が勝手に話した記録がある。控えの部屋で聞いていた土井の注釈がカッコ内に入っているそれを、土井たか子半自伝『せいいっぱい』(朝日新聞社)から引こう。

「気さくだよね。買い物に行っても自分の財布からカネ払うし」

(当たり前じゃ)

「庶民性。焼いも屋を呼び止めるし、パチンコもやる。議員活動でも素人感覚をとても大事にする」

(腹すかせてクリームパンにかじりついてた私は、思わずむせそうになった)

「一方で良家の子女ふう。日本人は、その手の女性に弱い」

(フーン)

「清潔感。カネにも男にも縁がない。たたいてもホコリも出ない」

(知らないな。モテてモテて困った時期もあるんだから)

「なんといっても、女一四、男社会で対等に渡り合うカッコよさ。女の時代にぴったりの役を演じている」

（それって、男たちがウジウジしている反映でしょ）

「それに、ネアカなのがいい。社会党・左翼・労組といったら、ネクラの代名詞みたいなもんだもの」

（分かる、分かる）

「本気で怒るでしょう。やさしさが受ける時代には、かえってあれがいいのよ」

「話が分かりやすい。歯切れがいい。やるっきゃない、ダメなものはダメ、なんて、流行語も生んだ」

「カオもいい。ウタもうまい。ハナがある」

（何よ、タレ目、大口なんていっておいて）

「宝塚のイメージがあるでしょ。スターなのよ。変に女っぽくないし」

『慶應医学部の闇』の衝撃

高須基仁の『慶應医学部の闇』（展望社）は、あるいは登場人物に訴えられるかもしれない。しかし、すべてが「事実」ではないとしても、この「闇」は暴かれるべきだった。

慶應医学部を卒業した開業医の息子が慶應幼稚舎に「合格」したのだが、何と合格発表前に、フェイスブックに「合格しました！」と打ち込んだことから、騒ぎは始まる。

この開業医の名は黒瀬巌。ある週刊誌の記者が、慶應の関係者から、こんな話を聞き出した。

「黒瀬さんは、慶應医学部の末松誠医学部長と同時期に慶應医学部に在籍していましたから、ふたりが昵懇なのは間違いないと思います。それが息子さんの幼稚舎受験と関係があるのかどうかはわかりませんが、事前に合格の情報が漏れるあたりは、黒瀬さんの古巣である医学部に何かがあるとみていいのではないでしょうか。黒瀬さんは医学部を卒業したあと慶應病院の勤務医をしていましたし、ある程度、ネットで飛び交った内容は事実に近いと思いますよ」

「L&G」事件というのがあった。

疑似通貨「円天」で巨額のカネを集めた波和二が逮捕された事件だが、この円天マネーが末松にも渡っており、さらに当時塾長だった安西祐一郎の塾長三選資金にもなっていたという。

安西は現在、安倍政権下の中央教育審議会会長だが、この時、

「『慶應義塾の危機』を回避するために政権交代を!」という文書がマスコミに配られている。

そして二〇〇九年春、慶應本部のある三田キャンパスと医学部のある信濃町キャンパスに右翼の街宣車が現れ、

「医学部長の末松はいったいいくらカネを着服していたんだ! 末松出てこい」

とラウドスピーカーで叫んだ。

それは一週間ほど続いたというが、その最中に末松の自宅に爆竹が投げられたりもして、末松は防弾チョッキをつけて、おののくことになったという。

この時期出まわった告発文は、創立一五〇年を迎える「最大の汚点」と銘打って、次の名前を列挙していた。

・漆山伸一　創価学会員　L&G事件の張本人

・漆山佳代子　伸一の妻　夫の犯罪を増長させる
・安西裕一郎（元塾長）
・末松誠（医学部長）
・日比紀文（主任教授）等々

慶応病院は信濃町にあり創価学会本部と隣接していることから名誉会長の池田大作も入院していたし、現首相の安倍晋三なども入院していた。しかし、腐敗は教授の質も低下させているらしい。

高須はこの本を次のように結ぶ。

《「戦争ほど、残酷なものはない。戦争ほど、悲惨なものはない」という池田名誉会長は、遠くない将来、自身が死に至る病の底に陥ったとき、「慶応病院ほど残酷なものはない。慶応医学部ほど悲惨なものはない」と遺言したりはしないか？》

福島県知事選での相乗りを拒否する

二〇一四年一〇月二一日、福島県知事選挙の応援に会津に行く。

自民党、民主党、公明党、そして社民党までが相乗りした現副知事の内堀雅雄ではなく、そうした野合を拒否して立った元岩手県宮古市長の熊坂義裕のためである。

原発再稼働をねらう自民党に相乗りされた内堀は脱原発を鮮明に打ち出せない。

そして相乗りは脱原発か原発維持かという最大の争点を隠してしまう。あの三・一一以降最初の知事選で、それでいいのか。

野党第一党の民主党は、日米ガイドラインの改定はおかしいなどと言っているが、国会ではそう主張しながら、福島県知事選で自民党と手を結ぶのでは、その主張がまったく迫力がなくなってしまう。

私は『週刊金曜日』の一〇月一七日号で「福島県知事選の最大争点は原発を続けるのか止めるのかだ」という緊急座談会をやった。俳優の菅原文太、福島県選出の国会議員である荒井広幸と一緒にである。「われら反原発応援団」とキャッチフレーズがついているが、すなわち熊坂応援団だ。

福島生まれの熊坂は医師で、宮古市長をやめた後、被災して精神的に苦しくなった人や自殺を考えている人のために「よりそいホットライン」という電話相談を無料でやってきた。宮古では、大津波で九死に一生を得る体験もしている。

福島は自由民権運動の中心地でもあったが、熊坂は原発の問題を中央集権的に矮小化するのはまちがいだと主張する。

福島県知事選は中央集権か地方分権かの問題でもあるのである。

安倍晋三が長州出身であることを思えば、明治維新の際の戊辰戦争の再来でもある。あの時、会津は官賊の薩摩と長州に徹底的に虐殺された。その末裔の安倍が背後にいる内堀と、草の根の民衆に支持される熊坂との、いわば自由民権の闘いでもあるのだ。

二〇〇六年の滋賀県知事選で〝嘉田ショック〟が起きた。奇跡的に勝った嘉田由紀子の相手は現職二期目で、自民党、公明党、民主党、それに連合が応援にまわり、共産党は独自候補を立てていたので、圧勝の勢いだった。嘉田を支持したのは社民党だけだったからである。

〝嘉田ショック〟の前には一九九三年の宮城県知事選での〝浅野ショック〟があった。この時も、誰も勝つと思っていなかった浅野史郎が大逆転勝ちをおさめた。

その要因を、宮城県出身で浅野を応援した菅原文太は前記の座談会でこう語っている。

「市民主体の勝手連が動いたということですね。主婦たちが一〇〇円単位でカンパし、彼女たちが主体となって運動を起こした」

そして、「女性の力は強い。男は当てにならない」と付け加えている。

昨年の春以降、福島市、いわき市、郡山市で現職の市長が落選した。

その前兆に勇気を得て、私は会津に奇跡を起こしに行く。

スキャンダル暴露こそジャーナリズム

黒岩涙香の『蓄妾の実例』（現代教養文庫）という本がある。

明治時代に黒岩が創始した新聞『萬朝報』に連載されたもので、試みに犬養毅と森鷗外について引いてみよう。

犬養は「憲法の神様」といわれた政治家で、森は夏目漱石と並ぶ文豪である。

＊犬養毅の細君千代（二四）は元芸妓なるが、その妾斎藤せん（三〇）も烏森の芸妓にて一一になる男の児さえあり、目下は牛込馬場下町35番地の宅に同居して犬養が病気の介抱に余念なしという。

＊森鷗外こと、当時本郷駒込千駄木町21番地に住する陸軍軍医監森林太郎は児玉せき（三二）なる女を一八の頃より妾として非常に寵愛し、かつて児まで設けたる細君を離別して、せきを本妻に直せんとせしも母の故障によりて果す能わず。母もまた鷗外が深くせきを愛する情を酌み取り、末永く外妾とすべき旨をいい残し、家内の風波を避けんため、せきをば、その母なみ（六〇）と倶に直ぐ近所なる千駄木林町一一番地に別居せしめ、爾来は母の手許より手当を送りつつありとぞ。

ここまで暴露されては政財界の実力者や著名人は震えあがっただろう。

黒岩は本名が周六で、だから、〝まむしの周六〟とか、出身地にちなんで〝土佐犬〟と呼ばれた。

黒岩は朝報社の壁に「眼無王侯。手有斧鉞」（眼は王侯になく、手には斧鉞《ふえつ》あり）と紙に書いて貼っていたという。『水滸伝』にある言葉で、王様であっても権力者であっても、何か悪いことをすれば、自分の手に持っている正義のまさかりでそれを叩きつぶす、という意味である。

その場合、弱者、一般人のスキャンダルは暴かない。あくまでも「王侯」をねらうという黒岩流スキャンダリズムの伝統を受け継いだのが『噂の眞相』だった。

一九九九年四月九日、『朝日新聞』は一面トップで「東京高検　則定検事長に『女性問題』最高検　異例の調査へ進退問題に発展も」と報じた。そして記事には「『噂の眞相』（五月号）によると」とある。

岡留安則が創刊した『噂の眞相』が東京高検検事長のクビをとばすことになるドラマの始まりだった。検察は新聞やテレビの記者にとってはネタ元でもあり、そのスキャンダルを暴くことは、ある種のタブーだった。

このスクープを放った張本人、西岡研介が『「噂の眞相」トップ屋稼業』（河出文庫）で、その内幕を明かしている。ちなみに、この本の副題が「スキャンダルを追え！」。

西岡は『神戸新聞』の記者だったが、賛成、反対と意見の分かれる問題について、双方の意見を載せてバランスをとる「不偏不党の立場」にどうしようもない居心地の悪さを感じて『噂の眞相』に移った。

「中立公正」な立場などないのである。それがあるかのような幻想にとらわれて新聞はエネルギーを失った。

いま、叩かれている『朝日新聞』にこそ、わたしは『萬朝報』から『噂の眞相』に流れる精神を学べと言いたい。

私の『噂の眞相』連載をまとめた『タレント文化人１５０人斬り』（毎日新聞社）の後記を再録する。

『噂の眞相』というアブナイ雑誌がある。

ほとんどのマスコミが取り上げられなかった東京高検検事長、則定衛のスキャンダルを暴いて、辞任に追い込み、一躍有名になった。

そのタブーなき雑誌に私は一〇年以上前から「タレント文化人筆刀両断」を連載している。「すべてノーチェックで掲載」された。

一九八九年一〇月号から始まったその連載の九八年二月までの一〇〇回分をまとめ、九八年夏に『タレント文化人100人斬り』（現代教養文庫）と題して刊行したが、今度、版元の社会思想社が倒産したので、その後の五〇回分を追加し『タレント文化人150人斬り』として改めて世に問うことにした。

前回の文庫の解説で岡留は「これだけの長期連載にもかかわらず、何らかのクレームがついたのは、最も取り上げられた回数の多い大宅賞作家の猪瀬直樹と曽野綾子の二人だけだった」と書いている。

二〇〇二年四月号の一五〇回目までを振り返ると、一番取り上げた回数の多いのは、やはり猪瀬で弘兼憲史とコミで取り上げたのを〇・五回分とすると六・五回となる。次がビートたけしで番外で一〇枚ほど書いたのを三回分とすれば六回。

以下、四・五回に小林よしのりと曽野綾子が並び、四回組に吉本隆明が控える。

そして、三回組が司馬遼太郎、堺屋太一、長谷川慶太郎、田原総一朗などである。

リアクションについて記せば、猪瀬を何回目かで〝ミミズのような奴〟と書いたら、『噂の眞相』に抗議してきて、私がすぐに反論を書き、さらに『創』で〝激突対談〟をした。

〝旧知〟の田原総一朗とは『噂の眞相』の別冊でも緊迫対談をやったが、『週刊読売』で〝場外乱闘〟ともいうべき激烈対談を行なったこともある。

回数的には、最近、小泉純一郎や竹中平蔵、そして、相田みつをらが先行者を急追している
とも言えるだろう。

この中で私は沢木耕太郎を〝遠足作家〟と評した。遠足は危険なところへは行かない。政治とか経済のからんだ権力臭の強いテーマには取り組まず、遠足の際の作文のような文章ばかり書く沢木を私はそう批判したのだが、これには多くの沢木ファンから反発があった。

しかし私は「そこにはただ風が吹いているだけ」という歌の一節を引いてつけた〝遠足作家〟の称号を撤回するつもりはない。

ただ、これについて、沢木もよく知っている具眼の士の歌手(特に名は秘す)から、

「サタカさん、青少年をいじめちゃいけませんよ」

と言われたのには参った。永遠に成長しない沢木に対して、これ以上の皮肉はないかもしれない。

この中で批判している田中眞紀子や櫻井よしこと、その後、田中とは盗聴法問題で、櫻井とは住基ネット廃止問題で〝共闘〟することになった。

「部分否定、部分肯定」の私としては違和感はないのだが、私が逆に、ズンバラリンとやられた相手と共闘できるかと考えると、その面では彼女らに感心せざるえない。

「憲法など他の問題ではほとんど反対の立場に立つ櫻井さんと私が一緒に反対しなければならないほど、住基ネットはとんでもない制度なんです」

彼女と並んで私がこう訴えると、意外に受けたりもした。

ともあれ、「佐高式批評の真髄」（岡留）と過褒された『100人斬り』はベストセラーとなってしばらく文庫部門のトップを走り続けたが、この『150人斬り』もそれに負けぬ〝快走〟を続けることを期待したい。

〝ホンモノのニセモノ〟猪瀬直樹の姑息な復権策

猪瀬直樹が『さようならを言ってなかった』（マガジンハウス）などという亡き妻へのお涙頂戴物語を書いた。

しかし、彼がいま書くべきは徳洲会からの献金疑惑を含めて、公の責任についてだろう。それを姑息にも私的な〝美談〟でごまかして復権しようとする。

猪瀬らしいと言えば猪瀬らしいが、私は二〇一三年一月一八日号の『週刊金曜日』で作家の佐藤優と対談して、こんなヤリトリをした。

猪瀬を〝ホンモノのニセモノ〟と断罪した佐藤が、

「猪瀬さんがこのまま尖閣問題を無自覚に進めたら、尖閣沖大海戦から第三次世界大戦へと進んでしまう。第一次世界大戦を引き起こしたサラエボのセルビア人青年みたいに、歴史に名前を残しますよ」

と言ったので、私は、

「でも、猪瀬という人間を見ていると、ピストルを撃つ勇気はないよね。自覚のなさの怖さでしょ」

と応じたが、佐藤は、

「石原（慎太郎）さんに対する過剰な忠節なんですよ。石原さんは『国に乗り出させてやれ』『勇ましい雰囲気出してやれ』と落としどころを考えていた。ところが猪瀬さんは金を集めてきて、石原さんと面識のなかった中山義隆石垣市長を引きあわせた」

と指弾した。

〝復権〟したいのなら、これらの公のことについてキチンと説明すべきだろう。それをせずに〝愛妻物語〟で同情を買おうとするのは、おカネを払う時に、安っぽい涙でべとべとになったニセ札を混ぜるようなものである。

坪内祐三と福田和也の『羊頭狗肉』（扶桑社）を読んでいたら、やはり、猪瀬のニセモノ性が話題になっていた。

猪瀬のライバル、佐野眞一の盗作をツイッターで流した猪瀬を、福田が、

「猪瀬さんはね、石原さんの陰にいる威張りん坊だから」

とヤユすると、坪内は
「盗作疑惑を持ち出して批判するというようなら、オレだって猪瀬直樹の盗作疑惑作品を３つ知ってるよ」

と応じ、福田が、

「猪瀬直樹が『文學界』に『こころの王国』を連載してたときも、盗作じゃないかって話題になりましたね」

と続けている。

猪瀬は極めて小心で姑息な男だが、櫻井よしこが猪瀬を批判したことがあった。『新潮45』の二〇〇四年二月号でだが、すると猪瀬は同誌編集長の中瀬ゆかりに電話をかけ、

「もう櫻井さんには書かせないでくれよ。書かせないって約束してよ」

と頼んだ。

これをそのままバラされて猪瀬は大恥をかくのだが、こんな男の再登場を許してはならない。「水に落ちた犬」は徹底して打つべきなのである。

以下は、猪瀬を東京都知事選で応援した面々の責任を問うた旧稿である。

作家の佐藤優が私との対談で〝ホンモノのニセモノ〟と評した猪瀬直樹が遂に馬脚を現した。すぐに浮かんだのは二〇一二年暮れの都知事選で猪瀬を応援した面々である。
サッカーの川淵三郎
作曲家の三枝成彰
ピアニストの熊本マリ
スポーツライターの玉木正之
弁護士の紀藤正樹
批評家の東浩紀
建築家の安藤忠雄
経済評論家の勝間和代

慶大教授でパソナ会長の竹中平蔵

選挙を前に私は、『自分を売る男、猪瀬直樹』（七つ森書館）を出して、権力大好きのこの男は危険だと警鐘を鳴らしたが、これらの人間は聞く耳を持たなかった。

自民党はもちろん、このニセモノを推した公明党と、そして連合東京の責任も重大である。松山恵子に倣って「だから云ったじゃないの」と私も言いたい気持ちだが、少なくとも勝間や竹中のような厚顔な輩には届くまい。

あるいは、猪瀬とその応援団にはコロムビア・ローズの「どうせひろった恋だもの」をもじった方がいいかもしれない。

〽気まぐれ夜風に
誠なんかあるのものか
捨てちゃえ　捨てちゃえ
どうせひろった　恋だもの〜

をこう替えるのである。

〽気まぐれ猪瀬に
誠なんかあるものか
捨てちゃえ　捨てちゃえ
どうせ浮かれた　票だもの〜

とは言え、これらの応援団に「だまされた責任」は残る。

戦後すぐに「戦争責任者の問題」を書いて、次のように指摘したのは映画監督の伊丹万作だった。

「多くの人が、今度の戦争でだまされていたという。みながみな口を揃えてだまされていたという。私の知っている範囲ではおれがだましたのだといった人間はまだ一人もいない」

こう前提して伊丹は、

「だまされたということは、不正者による被害を意味するが、しかしだまされたものは正しいとは、古来いかなる辞書にも決して書いてはいないのである。だまされたとさえいえば、一切の責任から解放され、無条件で正義派になれるように勘ちがいしている人は、もう一度よく顔を洗い直さなければならぬ」

と続ける。

そして、「だまされるということ自体がすでに一つの悪である」と主張するのである。

たとえば三枝や玉木は、猪瀬に「だまされた」と言うかもしれないが、玉木らを信じて猪瀬に投票した人間にとっては、応援団の面々は明確に「だました」側に立っている。

両者に言い聞かせるように伊丹は説く。

「だまされるということはもちろん知識の不足からもくるが、半分は信念すなわち意志の薄弱からくるのである。我々は昔から『不明を謝す』という一つの表現を持っている。これは明らかに知能の不足を罪と認める思想にほかならぬ。つまり、だまされるということもまた一つの罪であり、昔から決していばっていいこととは、されていないのである」

だまされたものの罪は、批判力や思考力を失って家畜的な盲従をしてしまったことにあるとした上で伊丹はこうトドメを刺す。

「だまされていた」といって平気でいられる国民なら、おそらく今後も何度でもだまされるだろう、と。

いや、すでに別のうそによってだまされ始めているに違いない、と。

安倍晋三が発覚を恐れる三億円脱税疑惑

安倍晋三が突如、解散風を吹かせ始めたのは、自らの三億円脱税疑惑の発覚を恐れたのだと私はにらんでいる。それは確信に近い。

二〇一四年一一月四日の参議院予算委員会で、首相の安倍晋三が激高したのは、社民党党首の吉田忠智に、安倍の相続脱税に関わって、次のように詰め寄られたからだった。

「二〇〇七年九月に安倍晋三相続税三億円脱税疑惑が報道されております。故安倍晋太郎が生前に指定政治団体に晋太郎氏の個人名義で寄付した六億円を超える政治資金を全国六六の政治団体ごと引き続き、相続税三億円を脱税したという疑惑であります。

指定政治団体制度は、九三年に政治改革の一環として脱税の温床になるとして廃止されました。

安倍事務所は、収支報告には第三者からの寄付を故晋太郎氏名義で記載しているにすぎないと説明したそうですが、それが事実であれば、偽名による政治資金報告書への虚偽記載ではありませんか。

脱税額三億円について、確かに時効になっています。是非、時効の利益を放棄していただいて、自発的に納税してはいかがかと思いますが」

こう尋ねられて安倍は動揺し、それを隠すように居丈高になって、「全くの捏造」と決めつけた。しかし、何の答にもなっていない。

「ただいまの質問は、私、見逃すことはできませんよ。重大な名誉毀損ですよ。吉田さんはその事実をどこで確かめたんですか。まさか週刊誌の記事だけではないでしょうね。週刊誌の記事だけで私を誹謗中傷するというのは、議員として私は恥ずかしいと思いますよ」

この週刊誌は二〇〇七年九月二九日号の『週刊現代』である。同年九月一二日付『毎日新聞』は夕刊で、突然辞任した安倍について、その理由を「今週末発売の一部週刊誌が安倍首相に関連するスキャンダルを報じる予定だったとの情報がある」と報じた。

「一部週刊誌」とは失礼な書き方だが、それを証明するように『週刊現代』は「このスクープで総理は職をなげだした!」と見出しをつけ、「本誌が追い詰めた」疑惑とタイトルに掲げている。

そして、この記事の中で、政治団体を通じた巨額の資産相続に違法性はないのか、と財務省主税局の相続税担当の幹部に尋ね、

「政治団体に個人献金した資金が使われずに相続されれば、それは相続税法上の課税対象資産に該当します。政治団体がいくつもある場合は、合算した資産残高のうち献金された分が課税対象になります。たとえ首相でも、法律の適用は同じです」

と語らせている。

さらに、その幹部に、連結収支報告書の数字を見せて、

「この通りなら、これは脱税ですね」

と断言させているのである。

残念ながら、すでに時効になっているが、安倍はこの疑惑にまったく答えていない。

農民詩人、草野比佐男の怒りに共感

福島県のいわき市に講演に行き、この地に住んでいた農民詩人、草野比佐男の晩年の歌集をもらって来た。

『この蟹や何処の蟹』（本の泉社）と題したこの歌集が痛快で、帰りの車中、膝を叩き通しだった。

一九二七年生まれで城山三郎と同じ年の草野のこれが刊行されたのは二〇〇三年。そうしたことを背景に入れながら、二〇首引こう。
＊どう見ても知恵の足らざるわが首相
　賢人会議に発ちゆきにけり
誰かと問う必要はあるまい。現在の安倍晋三を最低に、「賢人」と呼べる首相はこの国にいなかったからである。

＊相馬郡飯館村テレビに映りたり
　この村に張り倒したい奴がゐる

草野の歌には固有名詞がそのまま出てくるものが多いが、さすがにこれにはない。

＊育苗ハウスに啄む野鳩を撲ち殺す
　愛鳥週間なぞ知るものか

＊あばら家の汗の昼寝を人訪はば
　外務省爆破に行きたりと言え

＊差出口多き一人をアメリカと
　ひそかに呼びて村に住みをり

アメリカとそれに追従するこの国の外務省に対する草野の怒りは激しい。私は外務省を害務省と呼んでいる。

＊規制緩和を国はうたへど　老われに
　通院の路線バスが減るのみ

竹中平蔵が小泉純一郎に使われて推進した「規制緩和」の正体を草野が暴く。

＊俺の歳七十五だっけ六だっけ
　ここまで来ればどうでもいいか

＊さくら咲かば何かよきことあるらむか
　さくらさくらと煩きことよ

散るを潔しとして特攻讃歌に利用された桜を城山三郎は好きになれないと言った。

＊ワールドカップの歓呼の声や人の波
こんなにもいたのか愛国者
＊「うつくしま　ふくしま」などといふ惹句
どこの阿呆が捻りだしたる
＊そんなもの要らぬと言ひそうな
物書きを見てゐしが紫綬褒章を受く
桑田佳祐までもらった勲章！
＊戦争のたびにテレビに現れて
したりげにほざく連中がゐる
＊戦争をしたくばうぬらが征きてせよ
いのちの予備をわれら持たざり
＊アメリカが戦争の愚を悟るまで
イラクたたかへフセイン死ぬな
＊驕れるもの久しからずのことわりを
アメリカに見たし眼の黒きうち
＊すぐに人に飽きる性質にて多弁の客
長居の客はぶち殺したき
＊かつかつに米を作りてアメリカを
米国とする表記を憎む

＊わが病まばそのへんに転がしておけ
　そうはゆかぬという妻にいふ
＊あれと言へばあれでは判らぬと妻が言ふ
　同じやうなる日が過ぎてゆく
＊ことさらに行きて逢ひたき人もなし
　逢ひたき人はすべて世に亡し

生前に一度逢いたかった人である。

土井たか子さんへのお別れの言葉

土井さん、先日、会津に行って来ました。

土井さんが親しかった元外務大臣、伊東正義さんの故郷です。

総理大臣の座を蹴った男として知られる伊東さんは勲章も辞退しました。

会津藩の教え「ならぬことはならぬ」の精神でしょうか。

土井さんの「ダメなものはダメ」も伊東さんの「ならぬものはならぬ」と似ていますね。

よく、社会党などに対して「反対ばかりしている」とか「批判するのは簡単だ」とかいう批判が浴びせられてきました。

しかし、世界に誇るべき日本国憲法まで変えようとする者たちに対しては反対するしかないではありませんか。

土井さんも、激しく反対しなかったという批判は受け入れても、反対ばかりしてという批判は受けつけられないという気持ちだったでしょう。

わけ知り顔のそうした批判をハネ返すように、土井さんはさっそうと反対していました。

土井さんに最も似合わなかったのは卑屈さです。それは徹底していて、流行歌の一節にも注文をつけていました。

何度か一緒にカラオケにも行きましたが、誰かが都はるみの「北の宿から」を選び、

〽着てはもらえぬセーターを
　涙こらえて編んでます〜

と歌うと、土井さんは
「どうして、着てはもらえぬセーターを編むのよ」

と口をとがらせていました。

一九二八（昭和三）年生まれの土井さんは、二七年生まれの城山三郎さんとの対談で、自分を「痛ましいくらいの純真な皇国少女」だったと告白していますが、一七歳で海軍に志願した城山さんは、その少年兵体験から、

「戦争はすべてを失わせる。戦争で得たものは憲法だけだ」

と繰り返し言っていました。

社民党の党首をやめた後、土井さんは城山さんや落合恵子さん、そして私などと共に「憲法行脚の会」をつくり、日本国憲法がいかに大事でユニークなものかを広める運動に全力を注ぎ

ます。

土井さんの歌う「マイウェイ」は宝塚歌劇のスターが歌うように見事でしたが、「行脚の会」は日本国憲法を「アワーウェイ」にするように努力してきたのです。

残念ながら、その道はなお遠いと言わなければなりません。

しかし、私たちは土井さんの遺影を胸にその道を歩き続けます。

土井さんは二〇〇三年の春の私の父の葬儀にわざわざ山形県の酒田市まで来て下さいました。

そして、その時の弔辞で、書家である父が送った色紙を大切にしていると言ってくれたのです。

「生きることは一すじがよし寒椿」という句を書いたもので、土井さんは、その字を見ていると「寒空に凛として紅い花をつける椿のすがすがしさに寒さに負けるなよと励まされる気持ちで一ぱいになります」と言いました。

寒風に負けずに凛として咲く椿は、まさに土井さんです。私たちは椿とともに土井さんを忘れません。

土井さん、散らずにいつまでも咲いていてください。

二〇一四年一一月二五日

佐高　信

菅原文太と高倉健

亡くなったのも高倉健が先だし、年齢も高倉が二つ上だが、私の中では、断然、菅原文太である。

個人的なつきあいがあったことにもよる。

高倉は文化勲章をもらい、

「日本人に生まれてよかった」などと言った。

それに対して文太は死ぬまで、

「日本はこれでいいのか」と憂い、行動した。

反原発、護憲等、いろいろな場面で私は一緒になったが、直近では福島知事選挙である。

自民党、民主党、公明党、それに社民党までが相乗りして副知事だった内堀雅雄をかついだ。

内堀はかつて原発を推進した人間であり、あの東日本大震災の後は慎重姿勢に転じたと言っても、明確に反原発を主張していない。

そんな人間を知事にしては、原発が争点とならず、被災者を置き去りにしたまま再稼働に拍車がかかってしまう。

それに怒って文太は、反原発を高々と掲げた熊坂候補を推そう、と言ってきた。

熊坂は福島県出身で、夫人の故郷の岩手県宮古市の市長をやり、震災にもあっている。

熊坂応援に賛成した私は、まず、『週刊金曜日』で、そのための緊急座談会をやろうと考えた。

文太に、熊坂夫人の親戚で福島選出の国会議員、荒井広幸を加えてである。それをやったのが二〇一四年一〇月六日だった。

そして選挙戦が始まって、私が会津で演説し、文太が郡山で話した。

結果は内堀の勝利に終わったが、無風選挙にはしなかったと思っている。

そして一一月一二日、文太から今日中に連絡をくれという電話が入る。

何事ならんと電話をすると、四日後の一六日の講演に行けなくなったので、代わりに行ってほしいということだった。

幸い、空いていたので、ピンチヒッターで会津に行き、憲法学者の樋口陽一と対談した。樋口は仙台一高で文太の一年後輩になる。

その時、電話の声は力強かったし、よもやこんなに早く亡くなるとは思わなかった。

同じギャングスターでも健と文太は違う。

いつか見たヤクザ映画で、戦争に協力するヤクザと協力しないヤクザを描いたものがあった。

戦争は国家がやる。つまり国家に協力するか、そんなものは知らねぇと無視するかである。

その時、協力しないヤクザの放ったセリフが、いまでも忘れられない。

ヤクザは組の代紋背負って、いろいろ阿漕なこともするが、菊の代紋を背負っている奴らが、最もとんでもないことをする。

こんな意味のセリフだった。

文太はまさにそんなヤクザだった。

反原発や護憲で自民党政府に逆らい続けた文太がもらうのは〝非国民栄誉賞〟だろう。高倉健のもらった文化勲章より、そっちのほうがずっとカッコイイ。

ちょうどひとまわり上のトリ年の文太の冥福を祈るばかりである。

強者に偏らず弱者に偏る

選挙になると、テレビのレギュラー的な出演者には、

「誰か、特定の候補者の推薦人になっていませんね」

という問い合わせが来る。

なっていると、選挙期間中は出演中止。時にはそのまま出演停止になる。

だから、開票時の番組まで含めて、選挙にからんで出てくるタレントや評論家はどの候補者、どの政党も応援してない人ばかりになるわけである。これでは、「選挙なんて知らないよ」という無関心層と同じ種類の人間が、もっともらしく選挙についてしゃべることになるだろう。

久本雅美等、公明党支持の創価学会員は別にして、俳優やタレントは支持政党や特定候補の応援を明らかにしない。干されるからだが、NHKを含めてテレビでの創価学会の勢力は強いらしく、久本が公明党候補の応援をしても問題にならない。

先の都知事選（二〇一四年）では、作家でNHK経営委員の百田某がウルトラ・タカ派の田母神候補の応援をしたが、経営委員辞任とかの騒ぎにはならなかった。しかし、百田がたとえ

ば共産党候補の応援をしたら、大問題になっただろう。

つまり、野党の応援をすると、中立でないと言われ、与党の応援をしたら、不問に付される。それが、安倍晋三らの言う「中立公正」なのである。

俳優でありながら、そんな「中立公正」はクソクラエとばかり蹴とばして、反原発、日本国憲法擁護の旗を掲げて、自民党や公明党に反対する野党候補の応援をしたのが菅原文太だった。先に亡くなった高倉健とよく比較されるが、そういう意味でも私は文太の勇気のほうに大いなる拍手を送る。

アメリカでは俳優がどの政党を支持するかを明らかにしている。しかし、日本では「色がつく」と敬遠され、俳優やタレントは、意志や思想のない人形として扱われるのである。

二〇一三年の参議院選挙の時、私は社民党党首だった福島みずほと政見放送で対談したが、収録に立ち会ったNHKの幹部に、

「選挙期間中の放送に特定候補を応援したり、政党支持をハッキリさせている人を出さないのはおかしいではないか」

と質問したら、

「視聴者が中立公正を求めますから」

と言われた。

しかし、この世に生きている限り、中立公正や不偏不党はありえない。どちらにも偏らない人間など、死んでいる人間である。ジャーナリズムの不偏不党を真ん中と勘違いしている人が多いが、「不偏」とは強者に偏らずであり、弱者には逆に偏るということなのである。

財閥が政党や新聞を支配した時代に財閥に偏らないというのが「不偏不党」ということなのだ。

素人作家、百田尚樹にだまされるな

二〇一四年一二月一七日付の『日刊ゲンダイ』に「何とかならないか安倍首相の幼児性」という記事が載っている。

「またTV出演でブチきれ」が副題で、先の総選挙の投開票日、日本テレビ系「NEWS ZERO」のキャスター、村尾信尚が、

「中小企業のみなさんは賃上げの余力があるんですか?」

と質問すると、安倍はいきなりイヤホンを外し、

「再来年の春も上がっていきます」

と一方的にまくしたて、

「村尾さんみたいに批判しているだけでは何も変わらない」

とイチャモンをつけたという。

村尾の問いかけは批判でも何でもないだろう。

ネットで「いいね!」という反応だけに喜んでいると、幼児性はますます肥大する。

そんな安倍の同類が『日本よ、世界の真ん中で咲き誇れ』(WAC)という安倍との共著を

出した百田尚樹。百田は都知事選では田母神俊雄を応援して他の候補をクズ呼ばわりしたが、いまでも田母神を信じているのか。安倍と同じく百田には、全肯定か全否定しかなく、部分否定や部分肯定というオトナの視点、態度はない。

そんな百田のもろさ、素人臭さが全面的に出てきてしまったのが『殉愛』（幻冬舎）である。やしきたかじんの再婚相手のさくらという女性の証言を鵜呑みにして書いたこの本は、いま、さまざまにボロが出ている。出光興産の創業者、出光佐三をモデルにした『海賊とよばれた男』（講談社文庫）も、同社の社史に拠りかかって書いたものだけに、同社の内実を知る者には鼻白んで読めないシロモノだった。

要するに、欠点や弱点も描いて作品の彫りを深くするといったことができない素人作家なのである。

『永遠の０』（講談社文庫）を含めて、百田のような素人作家の作品にだまされる素人読者が、この国にはたくさんいるということだろう。

スケールは百田など比べものにならないくらい大きいが、山崎豊子も登場人物の善悪がはっきりしている作家だった。

だから、モデル選びをまちがわなければ、文句のつけようがないヒット作品となる。

たとえば『運命の人』（文春文庫）がそうである。日米の密約を暴いた『毎日』の元記者、西山太吉をモデルにしたこの作品は、山崎自身がかつて同社に勤めていた記者だったこともあって、あまり破綻がない。

しかし、瀬島龍三をモデルにした『不毛地帯』（新潮文庫）や、伊藤淳二をモデルにした

『沈まぬ太陽』（新潮文庫）は、問題のある瀬島や伊藤を美化し過ぎていて、シラケてしまう。

百田も、やしきたかじんや安倍晋三、あるいは田母神に対して盲目で、薄っぺらなチョーチン本になってしまっているのである。

拉致問題の解決を遠のかせる山谷えり子

拉致問題の解決を遠のかせる山谷えり子、あるいは石原慎太郎が拉致問題担当大臣だったら、北朝鮮は本気でそれを解決しようとは思わないだろう。

なぜなら石原は、都知事だった二〇〇〇年に、

「三国人が災害時に暴動を起こすかもしれないから、そのときは自衛隊に治安出動してほしい」

と発言して問題になったからである。「三国人」は、敗戦当時、日本に在住していた朝鮮人や中国人を指す蔑称で、石原のこの発言は関東大震災の時の朝鮮人虐殺事件を連想させる。

しかし、第三次安倍（晋三）内閣の拉致問題担当の山谷えり子は、石原に優るとも劣らない朝鮮人蔑視論者である。国家公安委員長でもある山谷は、五年ほど前、「在日特権を許さない市民の会」、略称「在特会」の幹部と親しげに写真を撮っていたとして追及された。

「ゴキブリ、ウジ虫、朝鮮人は出て行け」

「よい朝鮮人も悪い朝鮮人もみんな殺せ」

在特会とは、こんなスローガンを掲げて、ヘイトスピーチを繰り返す排外主義の差別団体である。

記者会見で山谷は、

「在特会の人とは知らなかった」

などと言っているが、それでは国家公安委員長はつとまらないだろう。

在日朝鮮人の小学生が通う学校の前でもヘイトスピーチをやり、訴えられて違法だという判決も出ている。罰金まで科せられているのに、「知らない」ですむ問題なのか。

「殺せ」と叫ぶ団体の幹部と親しい大臣と、「殺される側」の北朝鮮が対話しようとは思わないだろうし、拉致問題の解決のために動き出すはずがないだろう。

もちろん、拉致は北朝鮮のやった犯罪であり、その不当性は大いに糾弾されなければならない。とは言え、石原慎太郎以上の差別主義者の山谷えり子に北朝鮮は問題解決の功績を与えたくはないのではないか。

安倍のお気に入りのメスのタカ派の高市早苗や山谷らに共通するのだが、総じてタカ派ならぬバカ派は単純である。その筆頭の安倍は、山谷を拉致問題担当大臣にしたら北朝鮮が反発することを考えられずに、山谷を大臣にしてしまった。おそまつ極まりない。

かつて、民主党政権で首相となった菅直人が前原誠司を外相にして中国の反発を買った。前原は中国を敵視した発言をしていたから、前原を外相にすることは中国にケンカを売るようなものだからである。

安倍も、よりによって、拉致問題担当大臣に一番してはいけない山谷をしてしまった。極端に言えば、山谷以外なら誰でもよかったのである。

そんな計算もできない安倍は未熟としか言いようがない。あるいは愚かとも言えるが、安倍は自分で自分の首を絞め、拉致問題の解決を遠のかせている。

「佐賀の乱」の構図

二〇一五年一月一一日投開票の佐賀県知事選挙をめぐって、自民党の本部と佐賀県連の主流が対立している。激突と言ってもいい。

前知事の古川康が先の衆議院議員選挙に立候補して自民党と公明党の応援で当選した後、誰を知事にするかで争いが起こった。地元では、元財務官僚をかつぐことで、ほぼ合意ができていたが、突如、前武雄市長の樋渡啓祐が名乗りをあげ、推薦を求めて安倍内閣の官房長官、菅義偉のところへ駆け込んだのである。

樋渡は市長時代、図書館をツタヤに任せたり、医師会の反対を押し切って市民病院を「民営化」したりしてきた。それで名を売ってきたのだが、言ってみれば、大阪市長の橋下徹のような男である。その〝佐賀の橋下〟が、「規制改革」を旗印に知事の椅子を手に入れようとした。橋下は化けの皮が剥がれたが、橋下もどきの樋渡はそれが剥がれていない。

安倍内閣でニラミをきかす菅は総務大臣時代から、弱肉強食の新自由主義の竹中平蔵とつながっていた。それで、バカの一つおぼえのように「カイカク」を叫ぶのだが、民間という名の企業に渡してはならないものもあるのである。

たとえば、中曽根康弘は国鉄の分割・民営化を強行し、小泉純一郎は郵政民営化を断行した。いずれも、「民営化」ではなく、「会社化」である。

だから、北海道のある町長は、

「国鉄が赤字だ赤字だと言うけれども、消防署や警察を赤字だと言うか」

と怒った。

特に竹中は何でも赤字黒字で測る。しかし、そうしてはいけないものがあるのであり、それが公共というものだということがわかっていない。

今度の「佐賀の乱」では、農協がターゲットにされている。そもそも、農業協同組合は企業をめざしてはいけないものだったが、原点を忘れ、企業化の道を邁進してきた。その結果、「コンドームからトラクターまで」を農民に売りつけて利益を得るピンハネ農協となってしまった。

だから、皮肉なことに農民は「農協から身を守る」必要が出てきたのである。それでも、TPPで日本の農業は滅ぶと、農協は懸命の抵抗をしてきた。それが安倍晋三や菅、そして竹中には気に入らない。それで「改革」の名の下に農協をつぶしにかかった。

その農協をバックに安倍官邸に叛旗をひるがえしているのが自民党佐賀県連の主流にかつがれた元総務官僚の山口祥義であり、それに対抗する橋下徹もどきの樋渡という構図になる。

この、いわば骨肉の争いを吹きとばして、市民のための県政を主張しているのが九州大学教授の島谷幸宏である。保守の分裂に乗じて島谷が当選すれば、安倍政権に与える打撃も大きい。

私は一二月に佐賀で島谷に会ったが、それを密かに祈っている。

アベノミクスは日本の投げ売り

小泉純一郎に推されて安倍晋三が最初に首相になった二〇〇六年の暮れ、あるテレビで安倍は、

「今年を漢字一文字で表現すると」

と問われて、

「変化ですね」

と二文字で答えた。

困った記者が改めて、

「一文字にするとしたら」

と尋ねると、

「それは……責任ですかね」

とやはり二文字で答えたのである。

こんな安倍が、再び、首相をしている。

「イスラム国」の人質事件でも、何の戦略もなく行動して、よけいな火種をつくってしまった。ドヤ顔で演説をし、彼らの反感を呼び込んだのである。これには、安倍を弟のようにかわい

がってきたという亀井静香も呆れて、『晋三よ！国滅ぼしたもうことなかれ』（エディスタ）という本を出さざるをえなかった。第1章が「日本を破壊する晋三政権」で、それは「アベノミクスは絵空事だ」から始まる。

「政府は、株価が下がればＰＫＯ（プライス・キーピング・オペレーション）で郵便貯金や簡易保険、国民年金などの公的資金をせっせせっせとつぎ込んで株価の維持にやっきになっている」

と指弾する亀井は、ある時、安倍に電話をかけ、

「なあ晋三、今、兜町はどうなっていると思っている。近頃の株式市場は産業資金を調達する場ではなく、ただの賭博場になっているじゃねぇか」

と言った。

それに対して安倍からは特に否定する言葉は返ってこなかったとし、亀井は、

「だから心のどこかでそう思っているのかもしれない」

と続けているが、安倍には何の考えもなく、竹中平蔵らのインチキ経済学に操られているだけだと私は思う。

つまり、アベノミクスはカジノミクスなのであり、実際、安倍と極めて近いセガサミーなどという会社がカジノの開設に向け、暗躍している。先の衆院選でセガサミーの娘婿の元官僚が自民党から出て当選したが、その結婚式には安倍はもちろん、安倍内閣の閣僚が何人も出席し、安倍内閣はセガサミー内閣であることを強く印象づけた。

前掲書で亀井の糾弾は激しさを増し、円安による「材料費の高騰は、価格になかなか転嫁で

きない中小零細企業を直撃している」とし、スーパーやコンビニの売り上げはダウンして、庶民の財布が冷え込んでいると指摘した上で、こう断罪する。

「アベノミクスは円安で日本売りを図る政策だが、バナナの叩き売りみたいなもの。日本の財産を投げ売っているというもんだ」

その通りだろう。

中村哲の存在と活動を危うくする安倍晋三

湯川遥菜と後藤健二を殺したのは安倍晋三だという「イスラム国」の主張には全面的に否定できないものがある。二人の身代金として二億ドルを要求してきた時の彼らの声明はこうだった。

「日本の首相へ。日本はイスラム国から八五〇〇キロ以上も離れていながら、進んで十字軍に参加した。われわれの女性や子どもを殺害するのに、得意げに一億ドルを提供した。従って、この日本人の命には一億ドルかかる。そしてまた、イスラム国の拡大を止めるために、イスラム戦士と戦う背教者を養成するのに一億ドルを提供した。それで、こっちの日本人の命には別にもう一億ドルかかる」

もちろん、この要求が理不尽なものであることは言うまでもない。しかし、安倍が「得意げに」、いわばドヤ顔外交を展開したことによって、彼らを不必要に刺激してしまったことも事実なのである。

私が今度の事件を通じて常に思い浮べていたのは、アフガニスタンで井戸を掘る医師中村哲の姿だった。これで中村はまた活動がやりにくくなっただろう。二〇〇一年に中村は国会のテロ対策委員会に参考人として招かれ、自衛隊派遣は有害無益だと断言して、自民党議員から強烈なブーイングを浴びた。「外国人によってアフガニスタンが荒らされた」という思いは、当時、官民を問わず、党派を超えてアフガニスタンに広がっていた。

そんな中で、井戸を掘り、用水路を拓く中村の活動は例外的に支持を受けていた。それはなぜなのか？　前記の委員会で中村は、

「現地の対日感情はいいのに、自衛隊が派遣されるとこれまで築いた信頼関係が崩れるのです」

と強調し、飢餓状態の解消こそが最大の課題だと訴えたのである。しかし、この発言に議場は騒然となり、司会役の自民党議員は取り消しを要求する始末だった。

私は中村を〝歩く日本国憲法〟と言っているが、平和憲法の下でこそ、「どんな山奥に行っても、日本人であることは一つの安全保障であった」という中村の指摘は成り立つのである。

喜ばれないものを派遣して、喜ばれているものを危うくすることが「国際協力」であるはずがない。医師である中村が「百の診療所よりも一本の用水路」を合言葉に現地で奮闘する姿は、これこそが国境を越えた協力の姿だということを示している。

中村は「国際貢献」という言葉を嫌い、自分たちのやっていることは「地域協力」だという。平和憲法をパスポートとして地域協力する中村と、その憲法を変えてしまおうとする安倍。

安倍が「積極的」になればなるほど、中村の存在が危うくなることを安倍は想像すらできないだろう。

安倍晋三、橋下徹、そして田母神俊雄のつながり

多田井喜生の『昭和の迷走』（筑摩選書）は練達の史家による名著だが、中に気になる箇所が出てくる。

戦争前夜というより、中国との戦争に大分足を踏み入れていた一九三五（昭和一〇）年に中国を旅した評論家の室伏高信は、上海で日本字新聞のインタビューを受け、

「わたしのみたところでは北から南まで、日本の駐在武官がいっぱい、はびこっている。わたしのような日本人の目にも楽しいことではなかった。（……）もし日本人が口ぐせにする日支親善ということがウソでないとしたら、なにより駐在武官を撤廃することだ」

と答えた。

これが支那、つまり中国の大新聞『申報』などに転載されて、室伏は歓迎されることになる。

私が「気になった」というのは、いま、「イスラム国」によって日本人の後藤健二らが殺害されて、何もしなかった安倍晋三は、軍人同士での情報を交換するため、駐在武官を増やすと発言しているからである。

室伏の言うように、それは「親善」とは逆の道であり、相手国を「敵視」することにしかな

らない。敵でない国まで敵にしてしまう稚拙な方策である。

よく、軍人は単純だ（すなわち愚かだ）と言われるが、『昭和の迷走』には、太平洋戦争も敗色濃厚になったころには、陸相も経験した荒木大将が、

「我に竹槍の千本もあれば対ソ戦は大丈夫」

「(本土防衛は）元寇の乱の如く、敵がたたら浜に押し寄せて来るのを待って、竹槍を以て対手を叩き伏すべし」

と「たわ言」を口走っていたと指摘してある。ソ連、現ロシアにこっぴどく叩きのめされたノハンモンを体験して、なお、この「たわ言」である。

その荒木の系譜をひくのが自衛隊の航空幕僚長だった田母神俊雄。田母神は『安倍晋三論』（ワニブックス）にこう書く。

「橋下徹を攻撃することは、実は形を変えた安倍政権攻撃である。慰安婦のことを含めて、安倍さんが思っていることと同じ方向で橋下徹が意見を言ってくれている。橋下攻撃は、一種の安倍倒閣運動である」

ナルホド、維新の橋下と安倍、そして田母神は同じ穴のムジナだというわけか。

橋下が前回の衆院選で、公明党候補を落とすため絶対出ると言っていながら、土壇場で取りやめにしたのも、与党の公明党に安倍および官房長官の菅が働きかけたからだろうという推測も、田母神の指摘を間に置けば、非常によくわかる。田母神は「最終的にＴＰＰに参加することはない……と、私はみている」とも書いているが、これは田母神の安倍に対する片思いに終わるだろう。

安倍が遮二無二やろうとしている農協「改革」の本丸はＴＰＰ反対つぶしだからである。

カネモッテコウヤ

とかくの噂のあった献金問題で農水相の西川公也が辞任した。

二〇一四年末の内閣改造で、あえて続投させた首相の安倍晋三は「任命責任は私にある」と言っているが、国民をナメていたのは間違いない。西川は陰で「ニシカワコウヤ」ではなく「カネモッテコウヤ」だと呼ばれていたらしい。

辞表を出した後に西川は、

「いくら説明してもわからない人にはわからない」

と捨てゼリフを吐いたというが、カネを持ってきた人の言葉だけは「わかった」のだろう。そういう人の声にだけ耳を傾けていたのである。

最初はＴＰＰに絶対反対と言っていたのに、クルッと変わって、それを推進する側にまわって何も恥じないのだから、カネモッテコウヤの面の皮の厚さは相当なものである。

ちょうど今日、版元から、マリー・ロバン著、村澤真保呂訳『モンサント』（作品社）が送られて来た。サブタイトルが「世界の農業を支配する遺伝子組み換え企業」で、オビには「次の目標はＴＰＰ協定の日本だ！」とある。これから熟読する予定だが、要約によれば「モンサント社」とはこうなる。

「世界四三ヵ国で、遺伝子組み換え種子の九〇％のシェアを誇る、世界最大級のバイオ化学企業。これまで、ＰＣＢ、枯葉剤……と、史上最悪の公害をくり返し、多くの悲劇を生み出してきた。そして現在、遺伝子組み換え作物によって、世界の農業を支配しようとしている。いかに同社が、政治家と癒着し、政府機関を工作し、科学者に圧力をかけ、農民たちを訴訟で恫喝することによって、健康や環境への悪影響を隠蔽し、世界の農業を支配下に収めてきたか。本書は、三年にわたる調査によって、未公開資料、科学者・政治家・農民たちの証言をもとに、その驚くべき実態を明らかにした話題騒然の書である」

西川なら、三菱との合併企業もあったモンサントにも、

「カネモッテコウヤ」

と言いかねない。

いや、すでに「癒着」していたかもしれないのである。

ＴＰＰについては、はっきりと「安全」が置き去りにされている。しかも、安倍が完全にコントロールしているＮＨＫをはじめ、マスコミは、その締結を急ぐことが「国益」にかなうかのような報道をしている。

ＮＨＫの会長の籾井某の会長失格ぶりも甚だしい。政府がイエスと言わなければノーとは放送できないかのような言動を繰り返し、ジャーナリズムの本質が批判にあることなど、まったく頭にない。

このモミイをモミガラと言ったのは、確か、シャープなお笑い芸人の松元ヒロだった。籾井は麻生太郎ならぬ阿呆太郎の推薦でＮＨＫ会長になったと言われるが、安倍政権を取り巻く人

間は亡者ばかりである。

上映されない映画『アンブロークン』

少しでも日本人の弱点や汚点に触れると、その著作や映画を異常なまでに叩く風潮が強まって、『アンブロークン』というアメリカ映画が日本で上映されないままになっている。

いわゆるネット右翼が攻撃するわけだが、国会で民主党の議員に「日教組！」などと野次った安倍晋三は、ネット右翼、略してネトウヨと同じ精神構造の持ち主であり、その先頭に立っていると言わなければならない。

『アンブロークン』は二〇一四年一二月にアメリカで封切りされたが、太平洋戦争で日本の捕虜となり、過酷な体験をしたルイス・ザンペリーニを描いた映画である。監督があのアンジェリーナ・ジョリー。これは実話に基づいていて、原作もベストセラーとなった。

それなのに日本ではまだ上映されておらず、そのメドもたっていない。右翼が騒ぎ、「反日映画」のレッテルを貼って、上映させないための署名運動まで起こしているからである。

ザンペリーニはロサンゼルスのイタリア移民の息子で不良少年だったが、足が速くて、陸上競技の選手となった。そして、一九三六年のベルリン・オリンピックで五〇〇〇メートルに出場し、八位となる。その後、アメリカの陸軍航空部隊に入り、エンジン故障で墜落して、マーシャル諸島沖で日本海軍の捕虜となった。東京の大森捕虜収容所で会ったのがサディストの渡邊陸裕。彼によってザンペリーニは死の寸前まで追い込まれる。

これについては『週刊金曜日』二〇一五年一月二三日号の乗松聡子の記事を参照してほしいが、都合の悪いことに蓋をする風潮は今後ますますひどくなっていくのだろう。トップの安倍晋三が、批判をありがたがるどころか、それに「反日」のレッテルを貼って排除するネット右翼だからである。

政治ジャーナリストの鈴木哲夫は『週刊現代』の三月一四日号で、安倍のその狭量をこう嘆いている。

「総理大臣がネットで得た不確かな知識をもとに国会で答弁するなど、情けないとしか言いようがありません。国会をあまりに軽視する安倍総理の態度を見ていると、まず国会の役割を理解さえしていないのではないか、と疑わしくなってきます」

だいたい、民主党は日教組の関連団体から献金を受けておらず、これについては安倍も「ヤジは間違いだった」と認めざるをえなかった。しかし、そもそも、総理大臣がヤジをとばすか、という話である。

鈴木は「国会で質問に立つ議員の背後には、彼らに票を投じた国民が必ずいる。それを侮辱するということは、国民を軽んじることに等しい」と指摘しているが、その通りだろう。

日本以外の国で評判になっている映画が日本で上映されないということは、他国の眼を日本人が意識できなくなるということである。

すべての日本人が安倍のようにネトウヨ化してしまうことに、それはつながる。

菅原文太、最期の絶唱

二〇一四年一一月一日、菅原文太は沖縄にいた。

知事選に立った翁長《おなが》雄志《たけし》の応援のため、那覇での一万人集会に臨んだのである。亡くなる一カ月前、さすがに弱っていて、自力で演壇に上がることはできなかった。それでも笑顔で語りかけた。

「こんにちは。沖縄は何度来ても気持ちがいいねぇ。カートに乗って楽さしてもらったけど、八〇過ぎたんで、さっきの二人みたいに走れないよ。三〇年前なら、あの倍ぐらいのスピードで走ったけどね。今日は自分から立候補して、ピッチャー交代、知事交代ということで押しかけて来ました」

ゆっくりした口調でこう話した菅原は、ここでメモを取り出し、

「プロでない私が言うんだから当てになるのかならないのかわかりませんけど、政治の役割は二つあります。一つは国民を飢えさせないこと。安全な食べものをたべさせること。もう一つは、これが最も大事です。絶対戦争をしないこと」

と続けて満場の拍手を浴びた。

一九三三（昭和八）年生まれの菅原はまさに軍国少年だった。ゲートルを巻き、戦闘帽をかぶって、竹槍で敵を倒そうと思っていたのである。

「いま振り返ると笑止千万です」

戦争に行った学生の半数は帰って来なかった。また同じことをさせてはならない。

「いまの政府と仲井眞知事は、まさに戦争が起きること、戦争をすることを前提に沖縄を考えている。彼は最も危険な政権と手を結んだ。沖縄の人々を裏切り、公約を反故にして、辺野古を売り渡した」

絶叫調ではないけれども力強い菅原の訴えに、会場からどよめきが起こる。

ここで菅原は、古い映画だけどと前置きしながら、自らが主演の大ヒット作『仁義なき戦い』に触れる。最後の場面で、子分を裏切る親分の山守に、菅原演ずる広能が、

「山守さん、弾丸はまだ残っとるがよ、一発残っとるがよ」

というセリフを投げつけるのである。その伝でいけば、

「仲井眞さん、弾丸はまだ一発残っとるがよ」

となると、菅原はぶつけた。スタジアムは割れんばかりの拍手である。

「沖縄の風土も本土の風土も、海も山も空気も風もすべて国家のものではありません。そこに住んでいる人たちのものです。辺野古も然り。勝手に他国に売りとばさないでくれ」

ここで一拍置いて菅原は続けた。

「そうは言ってもアメリカにも良心に篤い人たちがいます。中国にもいる。韓国にもいる。その良心ある人々は国は違え同じ人間だ。みな手を結び合おうよ。翁長さんはきっとそのことを実行してくれると信じてる。今日来てるみなさんも肝に銘じて実行して下さい。これができない人は沖縄から日本から去ってもらいたい。甚だ短いけどこれで終わり」

菅原の、これはまさに絶唱だった。

ユニクロの離職率を見よ

リクルートスーツに身を固めた学生が街にあふれている。一様に不安気な表情である。彼らはどんな基準で会社を選んでいるのだろうか?

テレビCMなどをよく打って有名な会社、月給の高そうな会社、ブラック企業でない会社等々、それほどハッキリしないモノサシで選んでいるのかもしれない。

たとえば、テニスの錦織選手の活躍で、ユニクロのイメージが世界的に上がっている。では、ユニクロは社員にとって「いい会社」なのか?

「新卒三年後の離職率」調査によれば、同社のそれは四七・〇%。つまり、ほぼ半数がやめている。

いくら、いまの若者は辛抱が足りないとはいえ、これは異常だろう。ちなみに、本田技研のそれは二・九%、ソニーのそれが二・六%である。

「新卒三年後の離職率」で目立つのは、そごう・西武の三〇・二%。そして博報堂の一一・六%、出光興産の一・二%が続く。百田尚樹の『海賊とよばれた男』(講談社文庫)は出光興産の創業者、出光佐三を礼讃した本だが、同社は社員にとっては「いい会社」とは言えないようである。その点はユニクロと同じで、トップの柳井正栄えて社員滅ぶなのだろう。出光の場合は出光佐三栄えて社員滅ぶだった。

ただ、以下の会社は離職率を公表していないので、どれくらいやめているか、わからない。

あるいはユニクロより凄いかもと言われても、反論できないのである。十分に怪しいその会社を列挙しよう。京セラ、日立製作所、トヨタ自動車、東芝、パナソニック、富士通、ＪＲ東日本、ＪＲ東海、ＪＲ西日本、ＨＩＳ、高島屋、ワタミ、ＮＨＫ、日本経済新聞社、電通、三菱東京ＵＦＪ銀行、三井住友銀行、野村證券、ＡＮＡ、ＪＡＬ、伊藤忠商事、丸紅、資生堂、新日鉄住金。京セラは「従業員の墓」なるものがある薄気味悪い会社だし、日立、東芝、パナソニックなどは社員に修養団のやっている「みそぎ研修」を受けさせている。

安倍晋三のブレーンの葛西敬之の牛耳るＪＲ東海や、同じく古森重隆の支配する富士フイルムからも、早々に逃げ出す社員は少なくないだろう。三菱東京ＵＦＪや三井住友銀行も離職率は相当高いと思われる。

バッシングを受けて、やめた社員もいるかもしれないが、朝日新聞社の「新卒三年後の離職率」は０％。それに対して読売新聞社は四・三％である。読売には老害のドン、渡邊恒雄が跋《ばっ》扈《こ》していることも影響しているだろう。

ワタミもそうだが、ワンマンがいる会社の離職率は高い。「とにかく黙って従え」方式はいまどきの若者には通用しないということである。

世界的に著名な会社となったユニクロの柳井正がそれに気づくかどうか？　気づかないのがワンマンの特徴かもしれない。

「上から目線」の安倍と菅

二〇一三年一月二七日、沖縄へのオスプレイ配備撤回と米軍普天間飛行場の県内移設断念を求める「建白書」を安倍首相に手渡した沖縄県の首長や議長が、東京の銀座をパレードした際、彼らに、

「売国奴、日本から出て行け」

といった罵声が浴びせられた。共同代表の一人が当時の那覇市長、翁長雄志であることからもわかるように、首長たちは、いわゆる「反日サヨク」ではない。しかし、タカ派ならぬバカ派の単純右翼には、その見分けもつかなかった。大好きな安倍に反対する者はすべてサヨク、売国奴となってしまうのである。

当時は自民党だった翁長が、これによって受けたショックは大きかった。この時は安倍とも会えた翁長は、

「首相が忙しい中、時間を割いて会ってもらえた意義は大きい」

と評価したが、同時に、

「政府は沖縄の基地負担軽減について全力でやれるように誠意を見せてほしい」

と注文をつけているが、その場には官房長官の菅義偉も同席していたのである。

それから二年、自民党の推す仲井眞候補を破って沖縄県知事となった翁長に対して、安倍や菅は掌を返して会わなかった。ようやく四月五日に菅が会ったが、翁長が菅にこうぶつけたの

は当然だろう。

「去年の暮れ、今年の初めと、どんなにお忙しかったかわかりませんが、こういった形でお話をさせていただいて、その中から物事を一つ一つ進めるということがありましたら、県民の方も理解はもう少し深くなったと思うんですね」

翁長を拒否するということは、言うまでもなく沖縄県民を拒否するということである。反対する者、批判する人にこそ会うという懐の深さが、かつて自民党ハト派にはあった。タカ派の系譜を継ぐ安倍にはそれがない。菅との会談で、翁長はこうも言っている。

「普天間飛行場もそれ以外の取り沙汰される飛行場、基地も、全部戦争が終わって沖縄県民が収容所に入れられて（地元に）いない中で、あるいはいる所は銃剣とブルドーザーで、いない所は普天間飛行場を含めて基地に変わったんですね。私たちの思いとはまったく別に強制接収をされたわけであります。自ら奪っておいてですね。県民に大変な苦しみを今日まで与えて、今や世界一危険だから、普天間危険だから大変だという話になって、その危険性の除去のために沖縄が負担しろと。お前たち代替案は持っているのか、日本の安全保障はどう考えているのか、というこういった話がされること自体が日本の国の政治の堕落ではないかと思っております」

菅の繰り返す「粛々と」に対しても翁長は「上から目線」だと批判したが、安倍政治そのものが「上から目線」なのである。

ミツビシと創価学会の深い関係

『創』の二〇一五年五月六月合併号で私は渡部昇一を批判し、渡部に影響を受けたという「幸福の科学」の大川隆法について、

「他人の名前を騙って霊言シリーズを出す大川隆法」と書き、「創価学会もフランスではカルト宗教として批判されているが、それ以上のカルトの『幸福の科学』の、渡部は〝生みの親〟ということになる」

と指摘したら「幸福の科学」の広報部から『創』の編集部に抗議の電話が来たという。「他人の名前を騙って」とカルトという規定が刺激したらしいが、ニーチェや曽野綾子の守護霊とやらを登場させ、その「発言」をそのまま本にしている「霊言」シリーズは、まさに勝手に「他人の名前を騙って」いるものではないのか。

誰も訴えないからこのシリーズは続いてしまっている。

『創』の二〇一四年の八月号で大川を批判した時も抗議が来た。この時は『創』の編集部に乗り込んで来たという。筆者の私にも厳重抗議すると言っていたらしいが、こちらには抗議も電話も来ていない。

『創』に書いた大川についての「筆刀両断」は現在刊行中の拙著『安倍首相と翼賛文化人20人斬り』(河出書房新書)に収録した。

私がからむ最近の抗議では『週刊金曜日』での〝黒幕〟朝堂院大覚との対談で創価学会から

注文がつき、同誌の三月二七日号に、こんな「お詫び」が載った。

「2月20日号（1028号）〈対談朝堂院大覚×佐高信　戦後日本の裏街道経済編〉の記事中で、池田大作創価学会名誉会長が『東京地検特捜部に逮捕される寸前までいった。使途不明のうち少なくとも3億円は池田の懐に入ったという』と、『ルノワール絵画事件』について朝堂院氏が発言しておりますが、この点について、宗教法人創価学会広報室から事実ではないという抗議がありました。創価学会に前述の点を確認しなかった点をお詫びいたします」

詳細は同対談を読んでほしいが、これは取り消しではない。「確認しなかった」ことだけを詫びているのである。三菱商事が関わったこの事件の時には、右翼団体が創価学会本部のある東京の信濃町で街宣活動を行ない、「売国奴、池田」「ルノワール事件の主犯」などと騒ぎたてた。頼まれて、その収拾に当たったのが朝堂院である。だから、この経緯は細部まで知っている。

創価学会が「事実無根」といきなり訴えたら、逆に、ヤブを突ついて蛇を出すことになりかねない。創価学会から抗議されたと聞いた朝堂院は、手加減してやったのに、と逆に怒っているという。

学会系の雑誌『潮』に連載していた時、三菱銀行を含む三菱系企業の批判はタブーだった。それほどにミツビシと学会の関係は深い。

江上剛は城山三郎の名を騙るな

「報道ステーション」でコメンテーターの古賀茂明が、官房長官の菅義偉らの圧力によって自分が降ろされる、と発言し、キャスターの古舘伊知郎があわててそれを否定する一幕があったが、安倍（晋三）官邸からの介入はもってのほかとしても、前任の「ニュースステーション」の久米宏と比較すれば、古舘の腰はすわっていなかった。

たとえば、竹中平蔵や猪瀬直樹が常連のように登場していたからである。「ニュースステーション」には、これらのいわゆる新自由主義者はほとんど登場していなかった。むしろ、彼らを批判する森永卓郎や私が呼ばれていたからである。

何度かわかりやすく括ってきたように、経済論の分野では二つの流れがある。長谷川慶太郎に始まり、堺屋太一、竹中平蔵と続くバブル派の系譜と、城山三郎、内橋克人、そして寺島実郎や私、森永らの反バブル派の系譜である。株価が上がればすべてがうまくいくかのようなアベノミクスは、長谷川以下、竹中に及ぶバブル派が主導している。

竹中の弟分の日本振興銀行の会長の木村剛も、もちろんバブル派だったが、その〝お友だち〟の江上剛がいまだに健在なのも不思議である。厚かましくも江上は、自分があたかも城山三郎の系譜であるかのように城山を持ち上げる。しかし、城山は竹中や木村を厳しく批判していたし、江上のようなタイプを最も嫌っていた。江上は最初は日本振興銀行の社外取締役となり、木村が逮捕されてから社長にまでなった。

そうした二足のわらじ的作家を城山は作家と認めていなかった。

高杉良が『第四権力』（講談社文庫）で、江上剛ならぬ「江田潔」を登場させ、次のように酷評している。

「大銀行でそこそこ月給ドロボーみたいに高給食んでいたうえに、早期退職で結果的に一億近い退職金をせしめて、コメンテーターになった江田潔なんていうのがいるでしょ。豪邸建てて、女房を一流のゴルフクラブの会員にしたくせに、銀行に悪態ばかりついている。挙げ句の果てに日銀ＯＢのろくでなしと組んで新日産興銀行で、無茶苦茶なことまでしてるんじゃなかったっけ」

この文庫はまもなく出るが、解説を頼まれた私も、さすがに江田潔イコール江上剛とまでは書けなかった。ちなみに、「新日産興銀行」が日本振興銀行であり、「日銀ＯＢのろくでなし」が村木豪ならぬ木村剛である。

高杉は『破戒者たち』（講談社文庫）では木村を主人公に竹中らに筆誅を加えている。久米宏は官房長官の梶山静六とも番組で丁々発止とやり合っていたが、古舘にはそれを望むべくもない。もちろん、梶山と梶山を尊重する政治家に挙げる菅義偉との器量、度量の違いもある。菅や安倍もちっちゃいし、古舘も腰抜けなのである。

戦争法案と戦争絶滅受合法案

二〇一五年三月二〇日の参議院予算委員会で、社民党の福島みずほが「安保法制」を「戦争法案」と言ったことに対して、自民、公明の与党がイチャモンをつけているらしい。

しかし、条件を満たせば武力行使は可能というのだから、明らかに戦争法案だろう。それがおかしいと言うなら、安倍晋三は長谷川如是閑の唱えた「戦争絶滅受合法案」を提出したらいい。これを如是閑は一九二九年に書いた。

その前年にパリで不戦条約が締結されたが、抜け道の多いものだった。形ばかりの「不戦」だったのである。それを揶揄するように如是閑は、デンマークの陸軍大将フリッツホルムの起草と言うフィクションの形で、この法案通りにやれば戦争は起こらない、と主張した。

その法案は次のような内容である。

「戦争行為の開始後または宣戦布告の効力の生じたる後10時間以内に次の処置をとるべきこと、すなわち次の各号に該当する者を最下級の兵卒として召集し、できるだけ早くこれを最前線に送り敵の砲火の下で実戦に従わしむべし。

(1) 国家の元首とその一族
(2) 総理大臣、国務大臣、次官
(3) 国会議員（ただし戦争に反対の投票をした者を除く）
(4) キリスト教または他の寺院の僧正、管長、高僧にして公然戦争に反対せざりし者前記の兵卒資格者は年齢、健康状態を斟酌すべからず、なおその資格者の妻、娘、姉妹は看護婦または使役婦としてもっとも砲火に接近したる野戦病院に勤務せしむべし」

これが施行されたら、安倍晋三や麻生太郎は「最下級の兵士」として「最前線」に送られ、「敵の砲火の下」にさらされることになる。

安倍は一度、お腹が痛いと言って首相をやめたが、「健康状態を斟酌」しないでということだから、それを理由に最前線への派遣を断ることはできない。安倍夫人のアッキーも「看護婦または使役婦としてもっとも砲火に接近したる野戦病院に勤務」させられる。高市早苗や山谷えり子、そして稲田朋美らのタカ派も一緒に送ったらいいだろう。安倍応援団で黄色い声をあげる櫻井よしこも同じく勤務させたらいい。

(4)の宗教指導者については　創価学会の池田大作や幸福の科学の大川隆法が該当するだろう。カトリックを自称する曽野綾子も櫻井や高市と同じように野戦病院に送ったらいい。

(1)の国家元首とその一族だが、天皇は現憲法では元首でないから、これには該当しない。ましてや、さまざまな機会に平和を強調し、護憲を説いているから、安倍などと一緒にはできない。しかし、自民党の改憲案では天皇を元首にと主張しているので、その時は、安倍などと同じになってしまうのである。

自民党改憲案を徹底批判する小林節

二〇一五年六月一二日に東京は神田駿河台の連合会館で「安倍〝壊憲〟政治をストップする！」集会を開く。名うての改憲派の山崎拓（自民党元副総裁）と小林節（慶大名誉教授）が、それぞれ、早野透（桜美林大教授）と私を相手に「安倍晋三の大暴走に猛抗議する」対談をやるのである。主催は憲法行脚の会。

ここに小林の「自民党改憲草案集中講義」というパンフレットがある。『日刊ゲンダイ』の連載をまとめたもので、かつて小林は自民党のブレーンだっただけに非常に説得力がある。つまり、小林は改憲派だが、安倍流の壊憲には大反対なのである。

まず、自民党の改憲案は、要するに明治憲法に戻ろうとする「時代錯誤」の一語に尽きると批判する小林は、権力担当者を縛るのが憲法なのに、国民全体を縛ろうとする憲法観が大間違いだとし、まさに「大日本帝国の復活」を望む自民党の憲法マニア議員たちには「自分たち権力者が憲法を使って民衆をしつける」という姿勢が見え隠れすると指弾する。

小林はさらに、高名な「自民党の御用評論家」（櫻井よしこ）が次のような発言をしている場に少なくとも三回同席した、と語る。

「日本国憲法には『権利』という言葉が20回以上も出てくるのに『義務』という言葉はたった3つしかない。この権利偏重の憲法が今の利己的な社会をつくった……」

商工会議所や青年会議所でも同じような発言を聞いたが、これは大きな間違いである。

そもそも憲法は国家権力の濫用から国民各人による幸福追求を守るためのものであって、そこに「権利」の規定が多く、国家に従う「義務」の規定が少ないことは当然なのであると説く小林の試験を受けたなら、自民党などの改憲派ならぬ壊憲派はすべて落第ということになる。

これは憲法観の違いなどではなく、憲法のイロハさえ知らぬということなのである。法と道徳を混同している落第生たちは改憲案で「家族は互いに助け合わなければならない」と命ずる。

しかし、これは余計なお世話で、憲法でこう規定したら、離婚は明白に憲法違反になってしまう。イロハさえ理解していないから、珍妙なことを大真面目に強調するのである。

彼らは、わが国の憲法改正条件が特別に厳しいなどと言うが、これについても小林は次のように一蹴する。

「わが国の改憲手続き条件は他国と比較して特に厳しくはない。現に、アメリカ合衆国憲法では、上下各院の3分の2以上による提案に加えて、全米50州の4分の3以上の州の承認を個別に得ることを条件としている。これは明らかに日本より厳しい」

そして小林は付け加える。自民党の改憲案のお粗末さに改めて驚かされた、と。「憲法の意味がわかっていない」というか、「わかろうとしていない」のである。だから逆に恐ろしいのである。

相変わらずのトヨタ

『選択』の二〇一五年五月号に、『日経ビジネス』の編集長がトヨタ批判の記事を載せて交代させられたというニュースが載っている。

私は、「日本株式会社」の〝社内報〟である『日本経済新聞社』の子会社の雑誌がそんな記事を載せたことに驚いたが、豊田家の会社であるトヨタの傲慢さ、田舎大名性は創業以来まったく変わっていない。

「トヨタの常識は社会および世界の非常識」を最初に私が認識したのは、三〇年近く前の「トヨタ・カレンダー」によってだった。

一九八六年の一一月に労使で結んだ年間カレンダー協定で、トヨタは翌年七月の一六日（木）、一七日（金）を休業とし、一八日（土）と一九日（日）を出勤とした。そして、以後、夏休みに入る前の週の八月初旬まで、木金休みの土日出勤を繰り返したのである。

土日は電気料金が安いからというのがその理由だったが、これはトヨタが社員のことを二の次にしている「異常識」な会社であることを非常によく表している。たとえば、別のところで働く共稼ぎ夫婦は休日一緒にくつろぐことはできなくなるし、学校へ通う子どもと遊ぶことも難しくなる。しかし、トヨタのトップは、そんなことは考えもしなかった。

あるメディアで私がこのことを批判し、さすがに不評で、まもなく変則的なトヨタ・カレンダーは無くなったが、その時、トヨタのある幹部は「言われてはじめて、おかしいとわかった」と言ったらしい。

その前のいわゆる欠陥車事件でも、トヨタの対応は鼻持ちならなかった。日産が工場の極秘部分まで開放して陳謝したのに、トヨタは次のような広告を打って居直ったからである。

「トヨタは日本を大きくする新しい基幹産業です。昨年の自動車の輸出総額は七億一千五百万ドル。その四八％、約半分の三億七千万ドルが、トヨタ一社によって、獲得されました。これを、海外旅行者一人あたりの外貨枠五百ドルで計算すると、昨年の渡航者五十四万人の一・三倍……七十四万人分の費用に相当する莫大な額であることがわかります。

一方、輸出主要品目の中でも、自動車は他より外貨手取率が高く、貿易収支の上からだんぜん有利な商品といわれています。この点からも、トヨタは輸出戦略産業のリードオフマンとして重要な立場にある、といえましょう」

だから、欠陥車ぐらいは我慢しろ、とトヨタは言いたかったのだろうか。そうとしか考えられない居丈高な広告である。

批判に学ばないどころか、批判を受けつけないトヨタの体質は、むしろ強化されているのかもしれない。トヨタの本社のある愛知県豊田市は挙母《ころも》市と言った。挙母は万葉集にも出てくる由緒ある名前である。それをトヨタは強引に豊田市に変えてしまった。

橋下徹と柳井正

他人をドレイにしたがる人間は、容易に他人のドレイになる人間だ、と喝破したのは魯迅である。ドレイというコトバがきつければ、「他人を支配したがる」と置き換えてもいいが、大阪市長で大阪維新の会代表の橋下徹はそうした支配好きの人間だと私は思ってきた。

石原慎太郎との手の組み方や安倍晋三への接近ぶりにそれは表れているだろう。一九六九年生まれの橋下はまだ四五歳。同い年は歌手の福山雅治や元野球選手の立浪和義、そして女優の石田ゆり子らである。

求めて海外に渡った一つ年上の野茂英雄のようなたくましさはない。そんな彼をメディアが〝寵児〟にした。視聴率を稼げると言ってである。

橋下とは一度、関西のテレビ番組で一緒になったことがあるが、楽屋での彼は、私にはどこまで突っかかっていいのかをさぐっているような感じだった。「敵」の強弱にかかわらず、ぶつかっていくというようなところはないのである。弁護士らしい計算高さがうかがえたと言ってもいい。

ユニクロの会長兼社長、柳井正は、二三カ条の経営理念を定め、新人研修までに句読点の位置まで正確に覚えていないと、研修班ごとに連帯責任を問うらしい。「句読点の位置まで」に異常さが出ているが。これは教師たちが「君が代」を歌っているかどうか、口元まで近寄って点検した大阪の事例を連想させる。ユニクロの場合は、新卒に軍人勅諭の丸暗記を強いた旧大日本帝国陸軍と同じだが、つまりは社員をまともな人間扱いしていないわけである。

同じように橋下も、教師をプライドのある人間として見ていない。私などは「君が代」を歌いたくないとして、堂々と口を閉ざす教師こそ、まともな教育ができると思うが、橋下や柳井はそうは考えないのだろう。

命令めいたものに唯々諾々として従う人間を育てたいなら、橋下や柳井のマネをすればいい。しかし、そんな人間ばかりだったら、それこそ会社や国は滅びてしまうではないか。それがわからないのは若さならぬバカさ故である。

「大阪都構想」なるものについて、なるほどと思わせたのは、二〇一五年五月一八日付『朝日新聞』の慶大教授、片山善博のコメントだった。片山は鳥取県知事の経験者である。

「大阪都構想は、スムーズな戦争遂行のために東京市を廃止して作られた東京都の制度を大阪に持ち込み、市を壊して大阪府に権限と財源不足を集めようとするものだ。住民に身近な市町村にできるだけ仕事とお金を移していく分権改革の流れに反する」

集権は戦争のためであり、分権とは相反するという片山の指摘は、日本の現代史を踏まえて見事である。橋下は選挙を大戦などと表現したこともあるが、確かに支配好きと戦争好きはメダルの裏表なのだろう。

岸井成格が危険視される時代

買いたくはなかったが、資料として『WiLL』の二〇一五年七月号を求めた。私も時折り出演するTBSの「サンデーモーニング」を槍玉にあげた企画があったからである。

「総力」で安倍晋三を翼賛しているこの雑誌を最初からナナメに読んでいって、安倍のアメリカ議会での演説について、榊原英資が「日本語でやるべきだった」と言っているのを知った。榊原とは彼が大蔵（現財務）省の課長補佐だったころからのつきあいだが、先日、BS日テレの番組で私が同じ主張をした時も、討論相手の西部邁は賛意を表していた。

西部や榊原は、安倍およびアメリカべったりのチンピラ保守とは違う。

『WiLL』の編集長の花田紀凱を含めて、いま、この国ではそうした知恵のない保守がわがもの顔である。自民党もそんな連中が主流となってしまった。だから、自民党政調会調査役の田村重信が中心となって、「サンデーモーニング」の論調にイチャモンをつける。

驚くのは、彼らから見ると、岸井成格が危険分子となっていることである。

安保法制について、「サンデーモーニング」で岸井が

「そこ（アメリカの力）がだんだん力が落ちてきたんで、そこの肩代わりと、場合によって尻拭いをさせられるということ」

と言ったのに、関口宏が、

「ということは、アメリカと一緒に日本もどんどん……」

と応じ、岸井が、

「戦場に行くということですから」

と受けたのが、田村には気に入らない。

「ＴＢＳのサンデーモーニングは、いつも見るたびに不愉快になります。全く荒唐無稽な空想です！　このような事実を曲解し、物事を単純化したやり取りをテレビ放送という多くの国民が視聴するメディアで平然と流すことは非常に問題です」

と怒っている。

「サンデーモーニングには、安保法制に賛成の立場の人は一切、出場しません」

と田村は力んでいるが、先日、元防衛大臣の森本敏が出ていた。しかし、田村らの反論のように説得力がないのである。

「サンデーモーニング」はスタートの頃、岸井の位置にＴＢＳプロパーの新堀俊明がすわっていた。岸井よりもずっと政府に対して批判的で私はいつも共鳴していた。

その後、岸井になって、しばしば、政府寄りの発言をする岸井と、私は番組で激論をかわしていたが、その岸井がこんなことを書かれる時代になるとは思ってもみなかった。それほど、時代がタカ派化し、単純化したということだろう。

先年、岸井と私は『保守の知恵』（毎日新聞社）という対談集を出した。保守を「生活保守」と「観念保守」に分けたのは加藤紘一だが、国民の生活に根ざした「生活保守」の知恵に学べということを岸井と私は強調したのである。

知恵のない勇ましさほど怖いものはない。

硫黄島の栗林忠道は「名将」か？

安保法制とやらが議論されている。自衛隊員のリスクが増すことは明らかなのに、安倍首相はそれさえも認めようとしない。いかに国民をだましつづけるかということだけに熱中しているようである。

最近、『遺骨』（岩波新書）を出した毎日新聞学芸部記者、栗原俊雄に『20世紀遺跡』という本があるが、副題が「帝国の記憶を歩く」のそれを読んで、改めて戦争はどの視点から見るかで違ってくると痛感した。

東京都小笠原村の硫黄島は日米激戦の地として知られる。栗原は二〇〇六年にそこを訪れた。マリアナ諸島と東京のほぼ中間に位置する硫黄島は太平洋戦争の行方を左右する要衝だったが、島を守る日本兵は精鋭とは言えない二万一〇〇〇の徴集兵で、武器弾薬に食糧の補給も考えられていなかった。海も空も米軍に支配されて不可能だったからである。

対する米軍は六万人。総合的に見て、日本軍の戦力は米軍の数百分の一だった。

栗林忠道〈陸軍中将〉率いる日本軍は、しかし、その「絶望的な戦い」に耐える。上陸前に米軍は七〇日間にわたって戦艦による砲撃や航空機による銃爆撃を繰り返したが、日本軍は総延長一八キロに及ぶ地下壕にこもって抵抗した。

米軍は二月一九日に上陸し、五日間程度で島を占領するつもりだったが、日本軍は三月二六日まで三六日間にわたって奇跡的な善戦を続ける。日本軍の戦没者は二万人で、米軍の戦犯、戦傷者は二万七〇〇〇人余。まさに「奇跡の善戦」だった。

映画にもなったこの戦いで栗林忠道は「名将」と言われる。現代史家の秦郁彦は栗原の取材に、

「栗林が率いた109師団は寄せ集めで装備も訓練も十分ではない三流師団。それをわずか半年余りで精鋭に仕上げた。太平洋戦争で栗林は実戦経験がほとんどなかったが、障害にはならなかった。名将とは育つのではなく、名将として生まれてくるものだ」

と絶賛したという。しかし、そこにいた元海軍中尉の大曲覚は、

「米軍が上陸する前から、兵士は戦える状態ではなかった」

と証言している。食べ物も水もない。おまけに多くが赤痢などにやられていた。当時の日本兵にとって、捕虜になることは犯罪のようなものだったが、もちろん、国際法では認められている。

アメリカ駐在の経験もある栗林はそれを知っていたはずなのに、なぜ、部下を死なせ、自分も死んだのか。生き残った大曲はそう問わずにはいられないのである。

「一週間、いや三日でもいい。飲まず食わずの生活をしてみて下さい。そうすれば少しは当時の状況が想像できるかもしれない」

大曲は栗原にこう言ったという。

『タレント文化人200人斬り』が文庫に

『タレント文化人200人斬り』が河出文庫に入った。まず、上巻として『日本をダメにする100人』。下巻は二〇一五年七月刊である。

これは休刊中の『噂の眞相』の連載として始まったが、同誌編集長の岡留安則が解説に、

「あらためてゲラを読み直してみると、面白い。連載時には読んでいるはずだが、こうしてまとまったものを読み直すと、佐高氏の筆力もさることながら、内容も面白い。ある程度時間が経っていることもあるだろうが、文庫とは思えない書き下ろしの新鮮さがある」

と書いてくれたのは嬉しかった。

『噂の眞相』の支持者だけではなく、メディア業界でも名物連載となった。

これは確かに私を「辛口評論家」にしたものである。ここで私は「直近の許されざる一〇人」に安倍晋三、五木寛之、姜尚中、相田みつを、瀬戸内寂聴、竹中平蔵、ビートたけし、稲盛和夫、池上彰、村上春樹を挙げている。

エッと思う人もいるかもしれないが、たとえば池上では、二〇一三年春に池上が東京電力社長の廣瀬直己と対談して、こう締めくくっていることを批判した。

「甚大な被害を生んだ事故を起こした東電の責任が重大なのは確かですが、今回の事故はこれまでの日本のエネルギー政策を根本から問い直すものでもあります。政治はもちろん、我々も反省しなければならない点は多々あるでしょう。単に東電叩きで終わるのではなく、これから

のために何ができるのか、何を考えていくかが重要だと思います」

「単に東電叩きで終わるのではなく」と理解を示すから、池上が起用されたのだろう。しかし、池上に聞くが、「我々」とは誰を指し、何を「反省」するのか。

これでは、戦争責任をウヤムヤにした一億総ザンゲと同じではないか。

この上巻では、猪瀬直樹がトップで五・五回、次にたけしが五回、そして司馬遼太郎、田原総一朗と同じく三回でバッサリやられているのが、カレル・ヴァン・ウォルフレンである。

ウォルフレンは先ごろ、孫崎享と対談の本を出していたが、二人には共通するおかしさがある。

『現代』の一九九七年二月号で対談した時、私は直《じか》にウォルフレンに、中曽根康弘を「一番望ましい総理」と本当に思っているのかと詰問した。

『サンデー毎日』の同年一月一九日号でウォルフレンは「外国の征服者が与えた」日本国憲法改正の必要を説き、中曽根に「その点は、まったく同感です」と共鳴されていたからである。

ウォルフレンは『なぜ日本人は日本を愛せないのか』では、藤岡信勝が「リベラル派」の〝自虐史観〟を批判していることを評価し、大江健三郎を〝自虐〟派の代表選手として激しく攻撃している。

土井たか子をも時代遅れとこきおろしていたが、こんなウォルフレンの本を「革新」派も喜んで読んでいる。ホンモノとニセモノの区別がつかないのである。

コウモリ党の真実

政界の裏も表も知りつくした平野貞夫の『公明党・創価学会の真実』（講談社）が興味深い。二〇〇五年に出た本だが、まったく色あせていないのである。

公明党が自民党と連立政権を組むための協議を始めた時、それに反対する議員に、当時の同党幹事長、冬柴鐵三は、

「連立はすべて池田（大作）名誉会長を守るためだ」

と強調して黙らせたという。政治と宗教の分離問題で、池田が国会喚問されるのを防ぐため、政権に入らなければならないのだということだろう。

この前段で平野は、

「公明党は40年間も参議院法務委員のポストを独占していることがわかった。検察と司法を所管している法務委員会の委員長に、なにゆえこだわるのか。ちなみに、公明党は東京都議会の『警察・消防委員会』の副委員長のポストも40年以上にわたり独占している。警視庁を所管し、予算や人事に影響を及ぼす委員長の重要ポストを握り続けていることは、いったい何を意味するのか。公明党・創価学会の深慮遠謀が透けて見える」と指摘し、冬柴の「すべて池田名誉会長を守るため」という発言に続けている。

池田は一九五九年に第三代の創価学会会長に就任直後は、

「創価学会は衆議院には出ません。なぜならば、あくまでも宗教団体ですから。政治団体では

ありません」

と明言していた。

政治団体でないなら、参議院にも進出すべきでなかっただろう。しかし、わずか五年後の一九六四年に、創価学会は「民衆の総意を受けて、衆議院に進出する」と宣言して公明党を結成する。

この学会票に自民党は最初から注目していた。

一九六六年一月八日に、当時の首相、佐藤栄作と池田の会談が行なわれている。言うまでもなく、佐藤は安倍晋三の大叔父である。『佐藤日記』にはこう記されている。

「一時半出発して鎌倉へ。所要時間55分。ゴルフの練習をし、池田大作会長と六時半に会ふ。夜食を共にしながら約三時間ばかり話して別れる。公明党との協力関係出来るか」

会談場所は佐藤の鎌倉の別邸だった。

平野の『公明党・創価学会と日本』（講談社）の方にも自民党に協力して公明党が苦しんだ逸話が出てくる。一九九一年が明けて間もなく港湾戦争が勃発し、海部俊樹が首相の日本はアメリカ中心の多国籍軍にカネを出そうとする。当時の自民党幹事長小沢一郎の側近だった平野は公明党副委員長の権藤恒夫と交渉し、創価学会婦人部の反対を押し切らせて九〇億ドルの追加支援をのませる。しかし、すぐに戦争は終わるからと言ったのに、なかなか終わらない。

平野のところに権藤から一日五回もこんな電話がかかってきたという。

「二月中に終わるということで公明党と学会をまとめたんだ。終わらないと首を吊ることになる」

小林節の憲法論にジジイたちは逆上した！

一躍、時の人となった憲法学者の小林節と対談した。私がホストの『俳句界』の連載に出てもらったのである。

小林はこれまで、自民党の改憲案のブレーンだったが、慶大助教授の時、自民党の勉強会に出て、彼らが「押しつけ憲法」に憤慨し、「明治憲法に戻ろう」と強調するのに対して、

「押しつけられたのは、世界史の中で日本がクレイジーな振る舞いをしたからだ」

と反論し、

「愚かな戦をして負けることによって、いい憲法をもらった」

と付け加えたら、彼らは逆上して、小林を「戦後教育の徒花」と非難した。

彼らはよく、アジアを侵略したのではない、アジアを欧米の植民地から解放したのだと主張するが、小林は、民族自決の時代になってアジアは独立したのであって、日本が独立させたわけではない、と切り捨てる。

「新しい侵略者として失敗しただけ。もし本当に彼らを独立させる気だったら、西洋人が横文字の言語とバイブルを持って行ったように、何で日本語と鳥居を持って行ったんだ。おかしいじゃないですか」

さらに平然とこうまで論難したので、小林によれば「じじいたちは興奮して」血圧があがったという。

また、世襲議員たちは、意見が合うと、

「さすが一流大学の先生はいいこと言う」

と同調し、合わないと、

「小林さん、政治は現実なんだよ。あんたは現実知らないんだよ」

と若造の代議士までが決めつけた。本当に荷物をまとめて席を立ちたくなったが、そこで帰ったら負けだから、そこでは言わせておいたとか。

彼らの傲慢さは特権意識、貴族意識から出てくる。小林の指摘を聞こう。

「彼らの育ちを想像したらわかるじゃないですか。塀に屋根がついているようなすごい屋敷に住んでいて、黒塗りの車がいつも止まっている。代議士（である父親）はほとんど東京に出ていて、選挙区には奥さんと子どもがいて。

子どもが小学校に行こうとして遅れたら、秘書に『空いてる車で送って』ですよ。小学生から黒塗りの車で送迎されたら、感覚がずれちゃう。それから、母が命令調で使っているから、同じように成人の秘書や運転手をああだこうだと使うでしょう。人は背後の親父にお辞儀しているのに、そういう扱いを受けていると、自分が偉いかのように錯覚しておかしくなっちゃう」

親より明らかに力の低い人が多いという小林に私はこう応じた。

「縮小再生産で、その威張りだけは拡大してね。たまたま小林さんも私も慶応で学びましたが、慶応だとより強く感ずることでしたね。とんでもない金持ちのボンボンがいましたよね。自分の力でその地位を得たわけでない人たちの生態を目の当たりにしました」

「異常識」な問答無用

「マスコミを懲らしめる」と居丈高に言った自民党代議士の大西英男らを官房長官の菅義偉は、一応、「非常識」と批判したが、首相の安倍晋三は最初、「私的な勉強会で自由闊達な議論がある」と擁護した。

講師が安倍の応援団の作家の百田尚樹であり、集まった面々は安倍に近い官房副長官の加藤勝信らなのだから、ある意味では当然だろう。安倍イコール百田であり、安倍イコール大西とも言えるのだ。

しかし、大西らのゆとりのない狂信的な眼を見て、私は、私に、「国賊！　国賊！」と二度、声をかけた男の眼を思い出した。あれは、何年前になるのか、国会に用事があって地下鉄の永田町駅で降り、上りのエスカレーターに乗った時である。下って来るエスカレーターに乗っていた男が私を見て、そう怒鳴ったのである。

私は黙って、その男を見返していた。批判的な意見を認められない、こうした人間はいつの世にもいる。

「非常識」というより「異常識」な人間だと私は思うが、安倍が首相になって、これらの人間が勢いを得てきた。安倍自身が狭量な人間だからである。まさに類は友を呼ぶ。

こうした状況になるのを誰よりも恐れていたのが、安倍の叔父に当たる西村正雄だった。安倍の父親の晋太郎の異父弟になる西村は日本興業銀行の頭取だったが、小泉純一郎首相の靖国神社にはっきりと反対を表明した。
私とも交際があり、二〇〇六年夏に急逝する直前の四月一六日付で、こんな手紙をもらったことがある。
《一般に「90年代の失われた10年が問題」と言われますが、私は小泉政権下こそ「失われた4年（任期まで続投すれば5年半）」と呼ぶべきではないかと思っております。
こんな最低な首相が今なお40％の支持を得ているのは、民主党の力不足もありますが、何といっても大新聞、地上波ＴＶが「社会の木鐸」の役割を放棄して小泉寄りで殆ど批判をせず、またそれに乗せられて未だに実態のない構造改革の呪縛にマインドコントロールされている国民にも責任があると思います》
「構造改革」を「アベノミクス」に置き換えれば、これはこのまま、安倍政権批判として使える。バンカーには珍しく『噂の眞相』のようなアブナイ雑誌も読んでいた西村は私への手紙をこう続ける。
《晋三に関しても、かねがね「直言する人を大事にしろ」と言っておりますので、厳しく批判して頂きたいと存じます。私にまで「次期総理確実ですね」などとお世辞を言う人もおりますが、その都度、「未だ10年早い」と答えています。小泉離れとネオコン的体質からの脱皮が総理になる条件です》
ネオコン的体質がいっそう増した甥の晋三に、泉下の叔父は激怒しているだろう。

公明党批判を緊急出版

戦時中に軍部に抵抗する論説を書きつづけたジャーナリストの桐生悠々は、

蟋蟀は泣き続けたり嵐の夜

という俳句を遺した。それをもじれば、公明党は今、自民党と共に戦争法案の強行に走って、

コウモリはよろめきつづけたり嵐の夜

という感じである。コウモリが公明党ならぬコウモリ党を指すことはいうまでもない。

私は二〇一五年七月に『お笑い公明党　トンデモ創価学会』（七つ森書館）を緊急出版したが、その「はじめに」を次に引く。

ブレーキの壊れた大型トラックの暴走ほど怖いものはない。いま、「安倍自公政権」と大書された大型トラックが大暴走している。

安倍晋三の運転するそれの助手席にすわっているのは公明党代表の山口那津男である。先ごろ問題になった「マスコミを懲らしめる」などの自民党代議士の発言も、公明党がまったくブレーキをかけないから、彼らが天下を取ったような気になって、ホンネをさらけだした。これについては、連立を組む公明党の責任も重大である。私は、公明党は自民党の共犯者だと思っている。

安保法制という名の戦争法案についても同じだろう。明らかに憲法違反のこれを公明党が自

民党と一緒に強行しようとしているのだから、公明党は「平和の党」などと言わないほうがいい。「戦争の党」と言うべきで「平和の党」は世を欺く偽装表示である。

もし、「平和の党」と名乗りつづけたいなら、一刻も早く自民党と離れて野党になり、戦争法案を葬り去らなければならない。

改めて、現在から時をさかのぼって、公明党や創価学会批判の論稿をまとめてみて、この集団が、創価学会は平和を求めているけれども、公明党がそれを裏切ってしまったという二枚舌を使っていることに気がついた。〝二枚舌集団〟というレッテルを進呈してもいいが、両者は一体なのであり、公明党は創価学会名誉会長、池田大作の私党なのだから、そんな言いわけは通用しない。

私は二〇一四年の春に、『サンデー毎日』で一五年も続けてきた「政経外科」の連載を突然打ち切られた。新しく編集長になった潟永秀一郎の意向だった。池田大作批判がきっかけだったが、断じてそうでないと力説する潟永は『創』のインタビューに答えて「池田大作名誉会長」と言っている。

私が呼び捨てにしているのとは大違いで、彼は呼び捨てにできない敬意を池田に払っているのだろう。前記の自民党の勉強会で講師の百田尚樹は、

「沖縄の二つの新聞社は絶対つぶさなあかん」

と露骨なアドバイスをした。

参加していた大西英男は、広告料を減らしてマスコミを締めあげろなどとも言ったらしいが、創価学会もまた、テレビや新聞のスポンサーとなって、陰に陽に圧力を発揮している。

ともかく、戦争法案を推し進めているのは自民党だけでなく公明党、そして、その背後の創価学会なのだということを強調しようと思って、この本を緊急出版することにした。一体である両者からの冷静で理論的な反論を待ちたい。

安藤忠雄がイケニエにされる？

どこでどう決まり、誰に責任があるかもハッキリしない新国立競技場の建設費が二五二〇億円に膨らんでいることについて、〝立役者〟の一人石原慎太郎が、デザインの採用を決めた審査委員会委員長の安藤忠雄の責任ではないとか、新税を導入すればいいとか、勝手なことをほざいている。

この競技場建設には、陸上競技の為末大も次のように反対しているが、安藤に責任がないということは、自分と森喜朗に責任があると石原は自白しているのか。

「サブトラックがない」

「スポーツがお荷物だと思われるのはいや」

「どう考えても経済的に負担が大きすぎる」

これが為末の反対の理由である。

私は『創』の二〇一五年七月号「タレント文化人筆刀両断！」で安藤を挙げ、こう断罪した。

安藤は、サッカーの川淵三郎や作曲家の三枝成彰、そして、パソナ会長の竹中平蔵らと共に猪瀬直樹が都知事に立候補した時の応援団だった。『FACTA』の二〇一四年九月号に関係者のこんな証言が載っている。

「新国立？　ああ、あれは2016年東京五輪招致失敗後、森喜朗元首相と石原慎太郎都知事（当時）が交わした密約があるんですよ。国と都で建て替え費用を折半するという密約がね」

二〇二〇年東京招致の継承と一緒に、この密約が猪瀬に引き継がれたと考えられる。国立競技場の運営主体である日本スポーツ振興センター（ＪＳＣ）はほとんど密室で設計コンペを開き、わずか八カ月でそれを決定した。

ＪＳＣが立ち上げた新国立競技場建設計画のための有識者会議の委員は森を含む一四人で、建築家は安藤だけだった。具体的なコンペの審査委員は一〇人で、委員長が安藤。イラク人女性建築家のザハ・ハディドの設計案が当選するのだが、それは安藤のお手盛りの「出来レース」だった。

四六応募作品からザハ案に絞っていく過程が『東京新聞』の情報公開請求で明らかになったが、最初にザハ案ありき。

「2016年当時、安藤さんは五輪招致を前提に、東京湾埋立地から代々木公園や神宮外苑を緑のネットワークにするという再開発構想〝風の道〟に乗り出していた。落選でそれが空手形になり、その穴埋めに新国立で彼を審査委員長に据えたんです」

前掲の『FACTA』で関係者がこう絵解きしている。二〇一四年二月五日の参議院予算委員会で文部省スポーツ・青年局長が、「ザハには賞金2千万円と監修料3億円が支払われる」と答弁すると、民主党の有田芳生が、

「自民党無駄遣い撲滅プロジェクトには監修料13億円を払うと返答しているではないか」

と追及した。

しかし、この差額について明確な答弁はなく、ザハをスルーして〝慰謝料〟が支払われるのではないかと『FACTA』は推測している。誰にか？　それは言うまでもないだろう。

同盟と戦争

特定の国と同盟を結ぶということは、それ以外の国との関係は薄くなるということである。それどころか、ある国を敵対視するために同盟は結ばれるとも言える。

たとえば、一九〇二（明治三五）年に日本とイギリスが結んだ「日英同盟」の仮想敵国はロシアだった。それで、二年後の一九〇四年に日露戦争が勃発する。

『重要紙面でみる朝日新聞90年』（朝日新聞社）によれば、一九〇二（明治三五）年二月一四日の紙面には「日英同盟」の見出しがあり、

「日英同盟成れり、吾人は近数年東洋の形勢に鑑み、二国同盟の、彼我に便なるのみならず、清韓両国及び世界平和の為め、公益たる理由を披陳したること、一再ならざりしに、今や、我当局者も亦此れの見る所あり、同盟締結の発表をなすに至りたるは、実に国家の慶福之に過ぎたるはなく、吾人は双手を挙げて、其美挙を賛し、喜びにたへざるなり」

と書いてある。

もちろん、どこにもロシアを「仮想敵」としてなどとは解説されていない。「世界平和」のための美挙だと謳ってあるのに、二年後に日露戦争は起きた。

一九〇四（明治三七）年二月一一日の紙面には「開戦第一の大勝」という見出しが踊り、翌年一月三日には「旅順陥落」「露軍降伏」である。そして、一九四〇（昭和一五）年九月二八日は、「日独伊三国同盟成る」。

当時の首相、近衛文麿と並んで、ヒットラー総統、ムッソリーニ首相の写真が続く。

「外交転換ここに完成　世界新秩序の確立へ」という見出しが目につく。

前年の九月四日の紙面は「英仏、対独戦線を布告」という大見出し。「米、当分は中立堅持」とあるが、日本にとってはアメリカが仮想敵国だった。

そのためにヒットラーやムッソリーニと手を組んだのである。その結果、一九四一（昭和一六）年一二月九日の紙面にあるように「帝国、米英に宣戦布告す」ということになった。

「大本営陸海軍部発表」（一二月八日午前六時）の「帝国陸軍は今八日未明西太平洋において米英軍と戦闘状態に入れり」という人口に膾炙した文句が続く。

翌一九四二（昭和一七）年一月一日の紙面は「海軍省提供」の「ハワイ真珠湾奇襲の海鷲撮影」という戦闘写真に飾られている。もう、大本営発表のニュースによってのみ、新聞がつくられるようになっていた。

そして現在、安倍晋三は日米同盟の強化を謳っているが、中国の脅威を前面に押し出していることでわかるように、明らかに中国を仮想敵国としている。そもそも、攻められたらどうするかというのは政治家の発想ではない。軍人の考え方である。政治家は軍事力に頼らず、外交力や文化力を発揮して戦争にならないようにするのがその役目であり、その意味でも安倍は完全に政治家失格なのである。

原発建設で国を訴えた函館市長

日本民間放送連盟の東北・北海道地区ラジオ放送部門の審査をして、STV（札幌テレビ放送）ラジオの「原発の地元はどこですか？　反旗を翻した函館市」に注目した。残念ながら、他の審査員はYBS（山形放送）の「クマと放射能」を推したために中央審査行きにはならなかったが、デタラメな原発行政を象徴するような話である。

マグロで知られる青森県の大間に帰る人たちは、たいてい、函館空港を経由するという。交通の便を考えれば、それが一番近道だからである。

病院も青森に行かないで函館に行くし、毎日、「今日は曇ってて函館が見えねえな」などと言い合っている。

その大間に電源開発が原発を建設するという話が持ち上がった。二〇一一年三月一一日の東日本大震災による東電の福島第一原発メルトダウンのため、一度は建設にストップがかかったが、大震災の一年半後に、また動き出した。

ところが、大間原発の三〇キロ圏内に入る函館市が「原発の地元」ではないのだという。

二〇一一年の四月、大震災の直後に函館市長となった工藤寿樹《くどうとしき》はそれを知って仰天する。大震災後に原発についての法律がつくられ、半径三〇キロ圏内の自治体に、事故が起きた場合の避難計画をつくることが義務づけられた。

しかし、原発が立地する「地元」以外の自治体には原発の新設や再稼働に同意する権限がないのである。まことにおかしな話だろう。

「避難計画が義務づけられるのに、口出しできないのはおかしい」

という声が全国の原発周辺の自治体から挙がったのも当然だった。国は「電力会社と自治体の関係は『安全協定』の問題」だとして「地元の範囲」の見直しを渋っている。

「安全協定」は電力会社が主に原発の立地自治体と独自に結んでいるもので法的根拠はない。

しかし、福島第一原発のメルトダウンは立地自治体をはるかに超える地域の住民が避難を余儀なくされたのである。この教訓に学ばず、避難計画を作る自治体の範囲は広げたものの原発の新設や再稼働に「同意」を得るべき自治体は事故以前からの「安全協定」のままにして、函館市をはじめとした「原発の地元」を苦しめている。

函館市は、

「市の同意を得て、避難計画が可能かどうか確認してから建設すべきだ」

と国や電源開発に何度も建設凍結を求めてきたが、聞き入れなかったので、遂に函館市は提訴に踏み切った。先頭に立って「地方自治体が国を訴える」裁判を進める工藤市長に焦点を当てて、このラジオ番組は作られている。

函館市が大間原発の地元ではなく、建設に同意は要らないというのは何と言っても不自然であり、理不尽だろう。

工藤市長は今年の春に圧倒的支持を得て再選された。闘いは続いているのである。

再拘束された安田純平

たしか、二〇一五年七月一七日のことだった。

「佐高信山形塾」の事務局の人から電話があって、安田純平と連絡がとれないという。イラクで、いわゆる過激派にとらわれたこともあるジャーナリストの安田に、同年の山形塾で話してもらう予定だった。七月二二日で、タイトルは「テロリストとは誰か」。

その後、安田が拘束されているという情報が入り、やむなく、安田の友人のジャーナリストに代講してもらった。もちろん、安田がまた出かけることは知っていた。「捕まるかもしれない」とも彼は言っていた。それでもなお、彼は行った。

一〇年余り前に拘束された時、安田は沈黙が支配しないように、彼らにマフラーのさまざまな巻き方を教えてくれと頼んだりした。しかし、スパイ容疑はなかなか晴れず、

「おまえはＦＢＩか、それともＣＩＡか」

と銃を片手に尋ねられた。

「俺たちは米国の占領に対して戦っている。日本はヒロシマ、ナガサキの経験があるのに、なぜ米国に従って軍隊を送ったのだ」

むしろ、安田が、当時首相だった小泉純一郎に突きつけたいような問いを向けられて、

「日本は約六〇年前のあの戦争によって米国に占領された。いまでも日本には米軍基地がいくつもある。占領されたような状態が続いており米国に従わざるをえないのだ」

と安田は答え、さらに、

「日本人の中には、その状態から自立しなければならないと考えている人も多い。私は、日本が支持している米国の戦争がどのようなものかを伝えるためにここに来た。あなたたちと同様、私は米国から独立するために闘っている。銃ではなく、カメラでだ」

「今に解放されるよ。お前たちも一日後か二日後か、一〇年後には解放されるさ」

と言われた安田は、

「一〇年後……。なら嫁を見つけてくれ」

と身振りを交えて冗談で返した。その時は笑いに包まれたが、もうダメか、と頭が真っ白になったこともあった。

安田は学生時代、少林寺拳法をやっており、イラクで人気の空手をたしなんだことにしていた。イラクでは、ブルース・リーやジャッキー・チェンも日本人空手家だと思いこんでいて、日本人を見かけると、

「ジャッキー・チェン！」

と声をかけてくることもしばしばだった。

十余年後の再拘束。安倍晋三になって、小泉時代より状況はさらに悪くなっている。

日本人が外国へ行く時のパスポートは、これまで〝平和のパスポート〟だったが、戦争法案によって〝戦争のパスポート〟に変わりつつある。

それでも私は安田生還を祈りつづけたい。

ネトウヨの元祖、阿川弘之

作家の阿川弘之が亡くなって、半藤一利までが「リベラリストの死」を悼むといったコメントを寄せているのを見て驚いた。阿川は、現在のネット右翼、いわゆるネトウヨの元祖みたいな人であり、「沖縄の二紙はつぶさなあかん」と言った百田尚樹と似たタカ派ならぬバカ派である。

長州閥のドン、山県有朋が亡くなった時、ジャーナリストだった石橋湛山は「死もまた社会奉仕」と切り捨てた。そこまで言わなくとも、阿川の次のような側面は見逃すべきではないだろう。

『国を思うて何が悪い』とか、『国を思えば腹が立つ』といった単細胞右翼のような随筆集を出していた阿川は、後者で、

「朝日とか毎日とかは、要するに社会党左派の機関紙みたいなものでしょう。それでいて表向きは不偏不党を装っている。一日も早くつぶれてくれたほうがいい」

と放言している。百田の暴言とそっくりだろう。さらに阿川は、

「あのいくさを避けようと、陛下（昭和天皇）がどれだけせい一杯の努力をなさったか。その経緯は、今では世間の人、大多数が知っています」

と続ける。

しかしそれは、阿川の読むものや付き合う「世間の人」が限られているからで日本の敗色が濃くなった一九四四年六月六日に天皇は、

「こんな戦をしては『ガダルカナル』同様敵の志気を昂め、中立国は動揺して支那は調子に乗り、大東亜圏内の諸国に及ぼす影響は甚大である。何とかしてどこかの正面で米軍を叩きつけることはできぬか」

と侍従武官長に語っており、参謀総長の杉山元に対しても同年八月五日に、

「米軍をピシャリと叩くことは出来ないのか」

と苛立ちをこめて言っている。こういう「陛下」がどうして「あのいくさを避けようと、せい一杯の努力をなさった人」であるのか。上映中の『日本のいちばん長い日』は半藤一利の原作だが、天皇を「せい一杯の努力をなさった人」として描いていて、観ていられなかった。

また阿川は親バカの見本のような人間でアメリカの法律事務所が東京にオフィスを開くパーティで、こんな挨拶をしたことがある。

「自分の息子ながら、かの阿川尚之(その事務所のメンバー)なる者は、知的好奇心旺盛、物の考え方において柔軟、異国の文化を吸収するにあたっては、極めて受容度と寛容度の高い、すぐれた青年であります」

自分の息子をここまで持ち上げるとは、唖然とするしかない。

オヤジが「物の考え方において柔軟」でないように、この息子もかなりの石頭だと、私はある編集者から聞いた。こんな息子が「物の考え方において柔軟」なら、百田尚樹だって柔軟と

いうことになる。

岸信介の悪さの研究

現在のデヴィ夫人によって絶版にされた小説がある。梶山季之の『生贄』（徳間書店）である。

これは、森下商店こと木下商店からアルネシア（インドネシア）のエルランガ（スカルノ）大統領に贈られた〝生きたワイロ〟の笹倉佐保子、つまり、のちのデヴィ夫人から名誉毀損で訴えられた。「笹倉佐保子」は単なる〝生贄〟ではなく、政治力と性事力をもった烈女として描かれているが、この作品に当時の首相岸信介は「荒総理」として登場する。

インドネシアへの賠償にからんで岸が多額のカネを手にしたのではないかという疑惑は国会でも取り上げられた。一九五九年二月一四日の参議院予算委員会で社会党の柳田秀一が岸らにこう質問している。

柳田　昨年二月一四日、赤坂の料亭、賀寿老でインドネシアのスカルノ大統領と会食した際（木下商店）木下茂が同席したが、これについて首相は良心の呵責を感じないか。

岸首相　スカルノ大統領と会食する機会があり、その前のわずかな時間に、大統領が木下と会うというので同席した。

柳田　二月一四日には銀座のキャバレーアスターハウスに永野運輸相と木下社長、スカルノと一緒に行ったのではないか。

永野運輸相　そういうことはない。

柳田　インドネシア賠償の背後には、木下茂、ブローカーのチョウ、小林中氏らが介在しているといわれるではないか。

高碕通産相　引き取りには相手方がある。相手方を信用することが第一だ。

柳田　中古船の価格が二億九〇〇〇万円。新造船の価格が二億六七〇〇万円。どうして中古船が新造船より高いのか。

運輸省船舶局長　中古船は取りこわしの費用、新設備の費用、その他の雑工事に費用がかかるので、修繕費が割り高につくためだ。

柳田　業界筋の観測として、木下商店は、新造船一隻あたり三六〇〇万円前後、中古船一隻あたり五～六〇〇〇万円の儲けを得ており、九隻全部で六～七億円の利ざやを稼いだろうと言っている。

岩川隆は『巨魁』（ちくま文庫）と題した「岸信介研究」で、このヤリトリを引用した後、「戦後史のなかで首相が国会で汚職の容疑を追及されるのははじめてのことであった。岸信介にかけられた〝容疑〟は、熱海の別荘は木下社長の木下茂からお礼として贈られたものではないか、ということである」と指摘している。

このころ、インドネシアの人たちは、

「悪いのは岸信介と木下茂、久保正雄、そしてデヴィ夫人」と言っていた。

久保は直接的にデヴィをスカルノに紹介した東日貿易社長で、不思議な人脈を築き、ジャイアンツの長嶋茂雄の結婚の時には仲人をつとめている。ともあれ、安倍晋三が敬愛する祖父の岸の悪さはズバ抜けており、田中角栄をはるかに凌いでいる。

岸信介の「自立」路線

ベストセラーとなった、『戦後史の正体』の著者、孫崎享の根本的間違いは、安倍晋三の祖父の岸信介をアメリカからの自立路線の推進者としたことだ。日米安全保障条約を改定して片務から双務にしたと孫崎は主張するが、それは安保条約の強化であり、アメリカと共に、中国やソ連（現ロシア）と敵対することにつながる。

いま、まさに安倍が採ろうとしている道であり、それを「自立」とは、誤解も甚だしい。孫崎も外務官僚だったからか、それがもたらした結果から歴史を見ないで、その狭い意図や動機だけに注目する。

大日本帝国のカイライだった「満洲国」と岸の関わりを考えれば、そんなノーテンキことはいえないはずだろう。中型帝国主義をめざして満州に進出して、カイライ政権をつくった立役者は、私の見方では東条英樹と岸信介、そして甘粕正彦だった。ＴＯＫＩＯならぬＴＯＫＩＡ

である。

甘粕は関東大震災の混乱に乗じて無政府主義者の大杉栄らを惨殺した人間であり、その後、満州に逃がされて、中国を侵略するキッカケをつくる特務工作に従事する。満映の理事長ともなるが、そうした工作に使う莫大な費用はアヘンから得た。東条、岸、甘粕はアヘンによって結ばれた仲でもあったのである。

二〇一五年八月二五日の夜に、そうしたことを「のりこえネットTV」で話した。ヘイトスピーチをのりこえるためにつくったネットのテレビだが、同じく共同代表の辛淑玉が私の話を聞きながら、こんな事実を指摘してくれた。

一九五九年に結成された朝鮮総連が、北朝鮮を「地上の楽園」と謳って帰還事業を進めたが、それは岸が首相となった内閣の閣議で了解されて推進されたものだった。そのため、日朝の赤十字が窓口となって、九万三〇〇〇人が〝凍土の祖国〟へ渡る。この、いわゆる帰還事業の日本側の中心だった井上益太郎は、こう語っている。

「(日本政府は)貧困にあえぎ、共産主義思想信奉者と思われる在日朝鮮人を数万人の単位で追い払いたい、と考えている。この計画は、治安上の問題および在日朝鮮人保護者の負担軽減という財政上の問題を、同時に解決してくれる」

日本赤十字外事部長だった井上は露骨にこう言っているのだが、そのホンネを隠して、岸は人道主義に基づいて還すのだと強調している。

こんな岸の、どこを押せば、アメリカからの自立などという顔が見えるのか。

先の戦争を罪だとは思っていない岸と、軍国主義をあくまでも批判した石橋湛山を、同じようにアメリカからの自立をめざした者と見る孫崎はどうかしているし、それにイカれた読者は、あまりに歴史に対する洞察力が欠如している。

東条英機を中心とする軍と二人三脚で生きた岸と、軍から弾圧された湛山の違いは天と地ほどに大きいのである。

武藤貴也こそ自民党の嫡流

安保法制という名の戦争法案に反対する若者たちに対して「極端な利己的考え」と批判した自民党の武藤貴也は、その後、未公開株の問題が発覚して自民党を離党したが、未公開株を受け取って、自分だけ利益を得ようとする「利己的考え」は自民党の伝統である。二〇一五年八月三〇日に大々的に開かれた戦争法案に反対する集会で私はそう訴えた。

一九八九年二月一八日から一カ月ほど、『スポーツニッポン』に「リクルート疑惑の検証」を緊急連載したのを思い出したからである。あの時、リクルートコスモスの未公開株に汚染されていたのは、竹下登、安倍晋太郎、宮澤喜一ら、自民党のボスのほとんどだった。だから、武藤は未公開株汚染の遺伝子をまっすぐ受け継いだ自民党の嫡流なのである。離党させても嫡流であることにかわりはない。離党させたのは嫡流であることがバレるのを少しでも防ぐためだろう。

あの時、いま、自民党の老害ボスとなっている森喜朗も未公開株を受け取っていて、地元の選挙区の石川県小松市などでは、駅とか地下道に、スプレーで「森喜朗、近日中に逮捕」などと大書された。支持者がそれを消して歩き、警察も犯人捜しに必死だったが、結局、見つからなかったのである。

政治家と共に、労働事務次官の加藤孝と文部事務次官の高石邦男も逮捕されたが、高石は中曽根（康弘）派から衆議院に出る予定だった。

「愛国心は悪党が最後に逃げ込む隠れ家である」という言葉があるが、高石は〝日の丸局長〟〝日の丸次官〟と言われたほど、君が代や日の丸の教育現場への押しつけに狂奔した。愛国心など自然に湧いてくるものであり、決して強制すべきものではない。ましてや、高石のように、疑惑が発覚すると妻に責任を転嫁して逃げようとした人間たちが唱導する汚れた愛国心など、もたない方が健全だろう。

ちなみに、疑惑の主役のリクルート創業者、江副浩正が最も頼りにしていた政治家が安倍晋三の父親の晋太郎だった。疑惑が発覚した当時、自民党幹事長を務めていた安倍晋太郎は、総務会で鯨岡兵輔が、

「恥ずかしくて表を歩けない」

と批判するや、

「私は堂々と歩いている。恥ずかしいことでもなく、法律違反でもない」

と開き直った。この破廉恥な反論に、現在の自民党からは完全に姿を消した良識派の鯨岡は、

「政治家は常に自分をつねらなくてはいけないよ。先憂後楽というじゃないか。いまは先楽後楽だ。先にも楽しみ、後からも楽しんでいる。国民は政治家をうらやましく思っているよ。政

治家は自分でも、こんないい商売はないと思っているんだろう。税金の所得申告以上の生活ができる。だから、せがれにやらせるんだろう」
と苦言を呈したのである。

安倍自民党に揺さぶられる公明党

二〇一五年九月六日付の『読売新聞』は一面トップで「軽減税率見送り意向」と報じた。サブ見出しが「財務相　与党合意に背反」である。財務大臣の麻生太郎が外遊先のトルコで、「複数税率（軽減税率）を入れることは面倒くさい」と記者団に述べたという。消費税増税に際して、低所得者層の痛みをやわらげる軽減税率の導入は公明党の最大看板だった。ビラにもそう謳ってある。

自民党と連立を組む際の合意事項でもあったが、麻生はそれを「面倒くさい」と言い放った。麻生は財務省幹部にそう振り付けされて言ったのだろう。

『読売』の解説では、財務省が与党の弱みを突いたとなっているが、確かに自民党と公明党の足なみの乱れを突く発言である。

財務省は安倍晋三に消費税の増税を見送られたことを痛恨の極みと思っている。再度見送られてはたまらない。そんな意図から麻生にこう言わせたのだろうが、これは、軽減税率を導入したくない安倍に身を寄せる一方で、公明党を脅す材料にもなっている。

戦争法案に反対する声が公明党の支持母体の創価学会でも大きくなってきた。それに動揺するなよという牽制であり、また、創価学会名誉会長の池田大作が恐れる税金部門を支配下に置く財務省を甘く見るなよという警告でもあろう。これがまた、安倍に近い、というより〝安倍応援新聞〟といってもいい『読売』が大々的に取り上げているところにも着目する必要がある。

二〇一四年六月、集団的自衛権の閣議決定が問題になっていたころ、ぐずる公明党を脅迫するように内閣官房参与の飯島勲がワシントンで放言した。

「公明党のホームページに、公明党と創価学会の関係が載っている。

長い間『政教一致』と騒がれてきた。内閣法制局の発言を担保に、その積み重ねで『政教分離』ということに現在なっている。公明党、創価学会の幹部の心理を推測すると、そのことを一番気にしているのではないか。もし内閣によって内閣法制局の発言、答弁が今まで積み重ねてきた事案を一気に変えることになった場合、『政教一致』が出てきてもおかしくない。

単なる安全保障問題とは限らず、そういう弊害が出ておたおたする可能性もありうる」。つまり、集団的自衛権行使容認の閣議決定に賛成しないなら、また、「政教一致」を問題にするぞという脅迫である。

これで公明党は一気におとなしくなったが、やはり、政教一致は弱みなのだから、さっさと創価学会と公明党の絆を切断すべきだろう。というより最初は学会は政治に進出しないと言っていたのだから、初心に戻って公明党を解散した方がいい。それならば学会は宗教集団として政治に振りまわされないですむ。

そうではありませんか、池田大作サン。

九・一八と石原莞爾

残念ながら野党候補が敗れてしまった山形市長選の応援に行って、もう、赤とんぼが飛んでいるのを見た。多分、東日本大震災の後も変わらず飛んでいたのだろう。

＊生きて仰ぐ天の高さよ赤蜻蛉

誰の句か忘れてしまったが、こんな句を思い出して、国会前での戦争法案反対集会でのスピーチに使った。たとえ、どんなに状況がかわっても、とんぼのように、あるいは、とんぼに負けずに飛び続けようということである。

少年兵として戦争に参加した城山三郎は、戦争が終わった時、空がこんなにも高く、青かったことを知って感動したという。戦争中は空など仰ぎみることがなかったのである。生きていてこそ、それを知ることができ、いのちある赤とんぼが群れ飛ぶさまを見ることもできる。そのいのちを殺す戦争法案を自民、公明の与党は（二〇一五年九月）一八日にも強行採決しようとしている。

歴史を冒涜するにも程があるというべきだろう。九月一八日は、いまから八四年前の一九三一年に中国への侵略を開始した日である。

中国にとっては忘れようとて忘れられない屈辱の日であり、「9・18記念館」なるものも建っている。

『石原莞爾　その虚飾』（講談社文庫）を書くためにその地を訪れて、記念館に二人の日本人のレリーフが掲げてあるのを見た。板垣征四郎と石原莞爾である。他の日本人は許すことができても、この二人だけは許すことはできないということだろう。私とすれば、もう一人、安倍晋三の祖父、岸信介をここに加えてもらいたい。

板垣、石原は実行者だが、むしろ、立案者は岸だからである。いずれにせよ、仮にもこの日に強行採決をもくろむとは何という傍若無人な振舞いか。

私は『石原莞爾』の第三〇章を「放火犯の消火作業」とした。一九七三年に当時アメリカの国務長官だったヘンリー・キッシンジャーはヴェトナム戦争後の和平協定を締結したという功績で、交渉相手のレ・ドゥク・トとともにノーベル平和賞に選ばれた。しかし、レ・ドゥク・トは、

「平和はまだ南ヴェトナムにもたらされていない」

と言って、これを拒否する。当然だろう。

自分の家に火をつけた人間が消火作業に手を貸したからといって、一緒に表彰されるわけにはいかない。キッシンジャーと重なるのが石原莞爾である。

対中国戦争不拡大と東条英機との衝突によって、戦犯を免れたばかりか、あたかも平和主義者のように偶像視されている。しかし、満州事変の火をつけ、それから一五年にわたる戦争の口火を切ったのは明らかに石原であり、その後いかに「平和工作」を進めたからといって、放火の罪は消えるものではない。

郷土の英雄の石原をここまで断罪したので、郷里での私の評判はかなり悪い。

橋下徹に創価学会員説アリ

戦争法案が通った翌日、自宅の近くで会った同年輩くらいの人に、
「もっとがんばらなくちゃあ」
と言われた。咎めるような口調だったので
「あなたもがんばりなさいよ」
と返した。風邪気味なのを押して連日、国会前に駆けつけ、何度かスピーチをしたことをその人に言おうとは思わない。しかし、傍聴者の立場からそんなことを言われて黙ってはいられない。

私がそう反撃することをまったく想像していなかったようで、彼はちょっと驚いていた。

国会前に集まっていた人たちは、プラカードなどに思い思いの言葉を書いている。傑作だと思ったのは「自民党に天罰を、公明党に仏罰を」。また、積極的平和主義を皮肉った「積極的平和サギ」。

創価学会の一部の人が反対して、結局、公明党は自民党と一緒の行動をとるという構図は、あのＰＫＯ法案の時から続いている。つまりはポーズなのである。創価学会の一部が反対したということが、言いわけに利用されている。

毎日新聞政治部記者だった古川利明に『自民党〝公明派〟15年目の大罪』（第三書館）という本があるが、その中に「『自公』の二の舞。『大作ファシズム』と『橋本ハシズム』の握手」

という興味深い節がある。

二〇一二年秋に書かれたもので、橋下徹を代表とする「日本維新の会」は、結党宣言で「原則として全三〇〇小選挙区と比例ブロックに四〇〇人の候補者を擁立する」とブチ上げながら、次期衆議院選で公明党が候補者を立てる大阪、兵庫の六選挙区で候補者擁立を見送った、さらに、東日本で公明党が候補者を建てる北海道一〇区、東京一二区、神奈川六区でも維新の会は立候補を見送った。よほど密接な関係があると見るのが自然だろう。

その後、大阪都構想でも、公明党に橋下が激怒して、自ら立候補すると言いながら、結局、見送るというドタバタ劇があった。こうした「蜜月関係」の背景に、「橋下徹創価学会員説」がささやかれているという。

古川の指摘を引く。

「これは、既に2ちゃんねるをはじめとするインターネット上で流れ、地元でもまことしやかにささやかれているのだが、現時点で真偽のほどは不明である。ただ、傍目には、橋下市長の方が妙に信濃町（創価学会の本部がある）に対し、おべっかを使っているようなところがあり、健全な懐疑精神を働かせるのであれば、『本当のところは、いったい、どうなのか？』と下衆の勘繰りの一つでも入れたくなるのだ」

安倍と創価学会・公明党をあるいは橋下がつないでいるのかもしれない。いずれにせよ、不気味な連携である。

問答無用のタカ派の横行

戦争法案に反対する学生団体「ＳＥＡＬＤｓ（シールズ）」の奥田愛基《あき》と家族に対する殺害予告が届いたという。私も「月夜の晩ばかりじゃないからな」などという手紙を受け取ったことがあるので、他人事ではない。

卑劣なのは、安倍晋三のお友だちのネット右翼が、「表だって政治活動をするなら、それくらいの覚悟があって当たり前」などと非難していることで、安倍や彼らはこういう脅しを受けることがないのだから、「覚悟」も何もないだろう。

私が『週刊金曜日』の社長をやっていた時、個人事務所に突然、長崎市長の本島等を撃った人間がやって来た。刑務所から出て来てまもなくで、ひとしきり抗議していったが、二〇一四年秋に亡くなったその本島を偲んだ『回想本島等』（長崎新聞社）という本がある。共同通信に求められて書いた私の追悼文も載っているが、クリスチャンだった本島は、子どものころや、あるいは軍隊などで、いろいろ差別を受け、いじめられたという。それについて話す時、本島はいつも、五島列島に暮らした者の記録を取り上げた。

木場田直著『キリシタン農民の生活』（葦書房）で、木場田は戦争中に歴史の授業を受けていた時、教師から、突然、

「この中に外道は何人いるか。外道は立て」

と命じられたと告白している。三人が立った。

「ほかにいないのか」

と教師は叫び、

「キリスト教を称して外道と言うのだ。前に出ろ」

と続けた。

「お前たちは当たり前の人間と思っているのか、返事をせい」

と竹で頭を打たれる。さらに、教科書の挿絵にある踏絵を指して、

「これを踏んでみろ」

と言った。誰も踏まない。教師はもう一度頭を打って、

「何とか言え、と言っているのがわからないのか」

と怒鳴った。たまりかねて、生徒だった木場田が、

「帝国憲法で信教の自由が認められています。次の頁を見て下さい」

と反論すると、平手で顔を二、三回殴られ、

「この国賊が」

と廊下に突き出されたという。明治時代の「祭政一致とキリスト教禁止」の授業だったが、天皇教に統一するために、キリスト教は〝外道〟扱いされたのである。

右のタカ派は単細胞で複雑な思考に耐えられない。だから、違った意見を許そうとせず、とにかく一つにまとめたがる。

靖国神社参拝に反対した加藤紘一は右翼に鶴岡の実家を焼かれた。安倍晋三は加藤よりも、

焼いた側に考えが近い。

デモと創価学会

SEALDsの奥田愛基の家族にまで脅迫状が届いたというが、一九六〇年の日米安保反対のデモには右翼が釘を打ちつけた棍棒を持って殴りかかった。血みどろになった東京芸術座の女優、上里田みどりが、こう告白している

「ノーネクタイ、白シャツ、黒っぽいズボンの学生風の男でした。まるでヒロポン中毒患者のようにすえた臭いをさせ、狂暴な目つきをして私を襲ってきました。こわくなって後向きにしゃがんだら、いきなり後頭部をやられ、イタイッと手で頭を抱えたら、こんどは、その手と肩を殴られ、一時気を失って倒れてしまったんです。

ふっと気がついたら、私の前に、どこかの劇団の男が血だらけになって転がっていきました。あわてて道わきの国会構内に逃げ込んだんです。ところがここには警官が大勢いて、黙って、この右翼の殴り込みを眺めているんですね。

私は思わず警官たちに〝何とかしてください〟ってたんです。そしたら〝言わねえこっちゃないよ〟と知らないふりなんです。私は、この警官たちに、とっても憎しみを感じました…」

同年六月一六日にこのデモで東大生だった樺美智子が亡くなった。

内外タイムス文化部編『ゴシップ10年史』（三一新書）で、この日の惨状を語っている上里

田は、裂傷、左肩打撲、後頭部皮下出血の大怪我を負いながら、

「元気になったら、またデモに出ます。出なければなりませんわ」

と怯《ひる》む様子もなかったらしい。

それから五五年経った二〇一五年の国会前でも、警察は同じ態度だった。デモや集会をしやすいように警備するのではなく、明らかに参加者を押し込めようとするのである。その側に立ったのが自民党と公明党。公明党のバックの創価学会について、『ゴシップ10年史』に興味深い一覧表が載っている。

「創価学会に入信している芸能人」で、勝手に肩書をつけながら並べると――

歌手の青木光一
女優の小林哲子
漫才の花菱アチャコ
歌手の平尾昌晃
歌手の村田英雄
浪曲の広沢虎造
歌手の守屋浩
落語の柳家三亀松
歌手の若原一郎

この人たちはチケットを買ってもらわなければならないから、創価学会に近づくらしい。

現代でも、歌手の氷川きよしをはじめ、タレントの久本雅美や柴田理恵など、学会員は少な

くない。とりわけＮＨＫに目立ち、学会員のプロデューサーなどが学会員を起用することになる。

田中角栄は池田大作を「法華経を唱えるヒトラー」と言ったが、要注意である。

おばあちゃんのコンシェルジュ

《「読んだ、興奮した、すすめたくなった」この〝徳島の坂本龍馬〟の痛快無類の半生記を私は大推薦する》

住友達也著『あわわのあはは　徳島タウン誌風雲録』（西日本出版社）のオビに、私はこう書いた。

吉野川可動堰建設反対運動などで知り合った住友に頼まれたからだが、タウン誌を成功させた彼は、今度はまったく違った移動スーパーに挑んだ。

立ち上げで私に相談に来たらしいが、私はほとんど記憶がない。

それが、ある晩テレビを見ていたら、「ガイアの夜明け」で、「売れる地域スーパー！驚きの新戦略」として取り上げられている。翌朝、電話をして、彼が上京した折りに、いろいろ尋ね、彼が「株式会社とくし丸」の代表取締役として、ある所で講演したものをもらった。

演題は「買物難民対策としての、移動スーパーの役割」。

買物難民とは生鮮食品が買える場所が五〇〇メートル圏内になくて、自動車に乗れない人を指し、現在九一〇万人いるといわれる。徳島では七万五〇〇〇人。

発生の原因は、スーパーの大型化、郊外化によって、地元のスーパーが撤退していったこと。公共交通機関が弱体化したことなどが挙げられる。

生協が相当サポートしているが、注文してから届くのが一週間後で、ほとんどが冷凍食品であるため、たとえば刺身が食べたいといった需要に答えることができない。それで住友は「おばあちゃんのコンシェルジュ」をめざすことにした。

過疎地に住む高齢者の九九％が女性で、彼女たちの声に徹底的に耳を傾けることによって事業を展開させようと考えたのである。

「週二回訪問する。三日に一回買ってください。つまり三日に一回、赤の他人が玄関先まで来てウェルカムなものは食品以外考えられません。他の商品やサービスでは嫌がられるでしょうが、僕らは来てもらわないと困ると言われる存在になります」

住友はこう語っているが、それを続けると頼られる存在になり、電球を替えてほしいとか、郵便物を出してほしいとか頼まれる。路地に裏の裏まで入って行けるよう軽トラックを利用し、冷蔵庫も積んで、三〇〇品目から四〇〇品目。点数にすると、一〇〇〇点から一五〇〇点の食品を載せている。

始めるに当たって、住友は三つの目的を掲げた。

一つは買物難民の支援。

二つ目に地域スーパーとの提携。

三つ目は販売員はすべて個人事業主とする。

販売パートナーと呼ばれる個人事業主に地域のスーパーは商品を提供するが、これは販売代行なので、仕入れ代はゼロである。事業目的としては①命を守る②食を守る③職を創る。ちょうどひとまわり下の住友にはいつも感心させられるが、彼は実践的にTPPに対抗していることになる。

櫻井よしこの卑劣

鈴木邦男と福島みずほの対論『戦争を通すな!』(七つ森書館)に櫻井よしこが出てくる。櫻井は『クリスチャン・サイエンスモニター』の記者だった。そのころ鈴木のところに「右翼を取材したい」と言って来たという。

鈴木によれば、彼女は当時、「ただのアメリカかぶれのおねえちゃん」だった。自分のマンションに外国人記者を招いてパーティを開いたりしていて、鈴木も誘われて行ったら、

「この人右翼よ、Oh terrible!」

とかいわれた。それを話す鈴木の現在の反応がいい。

「あなたのほうがいま、terribleじゃねぇか」

その後、日本テレビ「今日の出来事」のキャスターになって、右旋回が始まる。そうした論調が受けて、いまは集会で、

「よしこぉ　よしこぉ」

とファンのおじさんたちがペンライトを振るらしい。

「そういう中で居心地の良さを見つけたのだと思う」

と語る鈴木は、たまに遭遇すると、彼女に、

「どうして鈴木さんはダメになってしまったの？」と言われるという。

それを受けて、福島は、いまから二〇年ほど前、櫻井にとんでもない捏造を吹聴された、と話す。櫻井が神奈川の講演で次のように語ったのである。

「福島さんに会ったときに、『福島さんは従軍慰安婦をやっている弁護士だけれども、もっと勉強しなさい』っていったら、福島さんは、『そうね』っていった」

これはまったくのウソで、福島によれば「会話そのものが一〇〇％ない」。

それで、しばらくして、突然、知り合いの弁護士から福島のところに電話がかかった。何事かと思ったら、櫻井に替わって、こう言われた。

「私、たいへん失礼なことをしちゃったぁ。こんなことをいったけれども、でも、福島さんって、そんなことで裁判を起こしたりするような人ではないって聞いてるからあ」

櫻井が批判した猪瀬直樹がやるような卑劣な手法である。それについて櫻井は福島に「個人的に謝ってくれただけ」だと言うが、急に電話をよこした事情を福島はこう推測している。

「たぶん、そのときの講演会というのは、後に議論になった重要な講演会だったので、議事録か何かで私が間接的に知って名誉毀損で訴えることを怖れたのだと思います」

明々白々なウソを堂々と話す人間をジャーナリストとは呼ばない。〝デマゴーグ〟という。

このお調子者の煽動家の櫻井の電話には、たとえ夜遅くても、安倍晋三は出るのだといわれる。

菅義偉の無思想の怖さ

必要があって勝海舟を読んでいる。伝記や勝の書いたものである。たとえば『氷川清話』（角川文庫）という放談にこんな一節がある。

勝が始めてアメリカへ行って帰国した時、老中から、

「そちは一種の眼光をそなえた人物であるから、定めて異国へ渡ってから、何か眼をつけたことがあろう。詳しく言上せよ」

と言われた。それで、

「人間のすることは古今東西同じもので、アメリカとて別にかわったことはありません」

と答えたが、納得しない。

「さようであるまい。何か変わったことがあるだろう」

と再三問われたので、

「さよう、少し眼につきましたのは、アメリカでは政府でも民間でも、およそ人の上に立つものは、皆その地位相応に利口でございます。この点ばかりは、全くわが国と反対のように思いまする」

と言ったら、老中は目を丸くして、

「この無礼もの。控えおろう」

と叱ったという。

しかし、それから一五〇年余り経った現在こそ、「地位相応に利口」でない人間が首相になっている。もちろん、安倍晋三だが、それを不必要に支えているのが官房長官の菅義偉である。

菅が小泉（純一郎）内閣で総務大臣となった竹中平蔵の副大臣を務めたことは、あまり知られていない。自治省、郵政省、総務省を統合した総務省は伏魔殿のようなところだったが、菅の働きに竹中は満足し、頼もしいと思った。と言うより、菅のアタマは竹中の新自由主義に占領されていると言った方がいいだろう。

そして、第一次安倍（晋三）政権で総務大臣となる。派閥横断で安倍を推す「再チャレンジ支援議員連盟」の幹事長として働いたからだった。

総務省はNHKも管轄する。NHKの改革（つまりは支配）にからんで抵抗する総務省の課長を任期途中で更迭し、〝安倍政権のゲッベルス〟と呼ばれた。

菅は宏池会の流れをくむ古賀（誠）派に属していたが、安倍の前は、派閥の意向に反して麻生太郎を応援した。

それでも古賀は菅を咎めず、自民党の選挙対策委員長になるや、菅を副委員長にする。

福田康夫の後に麻生が首相になるころから、菅は「NASAの会」に加わった。中川昭一、麻生太郎、菅、甘利明、安倍晋三の頭文字を取った五人の会である。亡くなった中川を除いて、いま、安倍内閣の要のポストにすわっている。

麻生の辞任後に行われた総裁選挙で、菅は河野太郎の推薦人となった。要するに思想はないということだが、セガサミーとの関係などを含めて、菅研究は安倍研究に欠かせない。

佐木隆三の思い出

作家の佐木隆三が亡くなった。

その作品について取材もさせてもらったが、吉村昭さんの出版記念会だったか、ほとんど知らない人ばかりで往生していた時、佐木さんの顔を見つけて、ホッとしたのも忘れられない。あの人なっこい笑顔は実にチャーミングだった。

フィクションとノンフィクションの双方を書き、『犯罪するは我にあり』（作品社）と題した「文学ノート」で、こう告白している。

「現実をストレートに伝えるルポルタージュを書いていると、小説がいかにも現実から目をそむけているように見えてくる」

一時、小説をあきらめ、沖縄に行ってルポルタージュばかり書いていた時がそうだった。ところが、ある日突然、逆にルポルタージュの仕事がいかにもつまらないものに思えてきた。

なぜか？

「ルポルタージュ一般ではない。自分の仕事がつまらなく思えたという意味である。

娼婦なら、娼婦のことでもいい。自分は彼女からの一面しか伝えていないということに気づいて、うんざりしてくるのである。ケタケタとよく笑い、男の要求にひたすら柔軟な娼婦に接していて、ふと、売春を悪として描いている己れに、疑問を抱く。

沖縄の祖国復帰闘争を見て、自分もささやかながら、それにかかわったつもりでいても、ふと、祖国復帰のスローガンは正しいのだろうか、と立ちすくんでしまう」

疑問を抱いて立ちすくんでしまう自分をルポルタージュの方法では表現しきれない。

それで正論を吐いてしまうのだが、しかし、それを書く自分は、

「およそ正義漢とはいえない、気弱で、ずるく、好奇心は強いが、浮気っぽい、ちょっとした小悪党」なのだ。

そんな男がどうして、いつまでも正論を吐けるか。そして、ある日、自分は小説家だったことに気づいて、また小説も書き始めたという。

「小説の便利さとは、言うまでもなく、ウソが許されること」

だが、

「しかし、ウソが許される世界だからといって、それは方法における虚構であり、描かれる人間がウソなのではつまらない」

と佐木は主張している。佐木作品では私は『越山田中角栄』（七つ森書館）が好きで、私の選ぶノンフィクション・シリーズで復刊した。この作品からはあの独特の田中のダミ声がはっきりと聞こえてくる。

第一章「雪国の絶叫」から始まる全編に、地元新潟の支持者の方言まるだしの話が入り、田中という政治家はどこから出てきて、雪に閉ざされる人びとのやり場のない怨念を負って何をしようとしたかが鮮やかに浮かび上がる。

その魅力はごくふつうの人びとの会話の絶妙な生かし方にあり、それがある種のユーモアを生んでいる。

岸井成格への驚くべき攻撃

二〇一五年一一月一四日（土）の『産経新聞』に続いて一五日（日）の『読売新聞』にも同じ「意見広告」が載った。「私達は違法な報道を見逃しません」と題されたそれは一面全部を使って、TBS「NEWS23」のキャスター、岸井成格への個人攻撃である。

安保法制を廃案にと主張しつづけたことが、「偏向報道」だと言うのだが、国民の過半数が疑問だと述べたこの法案に賛成した『産経』と『読売』こそ、政府寄りに「偏向」していると は彼らは思わないらしい。この「広告」の呼びかけ人代表は作曲家のすぎやまこういちで、上智大学名誉教授の渡部昇一や拓殖大学総長の渡辺利夫らが名をつらねている。

さすがに岸井が心配になって電話で話した後、慶大時代に同じ峯村光郎先生のゼミで学んだ同期生の岸井に、次のような激励の手紙を書いた。「ひどいものですね」の後、こう続けたのである。

〈しかし、彼らが名指しでこう攻撃してきたということは、それだけ岸井の主張が的確で見事だったということだと思います。

私は、一〇〇〇人のバカな読者より一〇人の支持者、あるいは一〇〇人の有象無象より一人の大切な読者を裏切るまいとして、ものを書いてきました。

落合恵子さんはじめ、たしかな支持者がいることを確信して、発言を続けて下さい。

私が雑誌にいたころ、峯村先生はインタビューに出てくれましたが、ある経営者との対談

（日産自動車の川又克二だったか）は断ると言ってきました。労働組合いじめというか。働く者を大事にしない人とは話したくないということでした。

『産経』と『読売』の「広告」の人間たちに対しては、先生は同じことを言ったでしょう。踏んばり時。たしかな支持者を頭において行動して下さい。

もちろん、私にできることはなんでもします〉

今回の岸井への攻撃で思ったのは、岸井の発言に拍手してきた人たちは『産経』や『読売』の読者ではないので、ほとんどこの一件を知らないということである。

やはり、ここまで大々的に攻撃されては、岸井もプレッシャーを感ずるだろう。

繰り返し読めるように私は激励のファックスを送ったのだが、それで、かつて新党さきがけの田中秀征が思いもよらず落選した時、「百錬の金塊再び炉に入る」と葉書に書いて送ったことを思い出した。もう錬る必要のない金塊が再び雌伏の時を送ると言う意味だが、大分経って、田中に、

「あの葉書を大切にしているよ」

と言われた。身近な人間の励ましこそ、卑劣な攻撃に対する有効な対抗手段である。

「サタカはタフだな」

と岸井は言ってきたが、「負けてたまるか」である。

禁鳴号

最初に中国に行ったのは一九九三年夏である。集英社の樋口尚也君たちと一緒に上海を訪ね、和平飯店に泊まった。

その時、上海は「クラクション・タウン」だと思った。街中でクラクションが鳴っている。一週間ほど滞在したが、帰ってしばらく、耳鳴りが絶えない感じだった。赤信号でもかまわずに人は渡るし、歩道と車道などあってなきがごとくに、人が歩き、自転車が走るから、車はクラクションを鳴らしっ放し。自転車も、また、ベルを鳴らしっ放し。

「魔都・上海」「モダン都市・上海」を想像して行った私は、その夢を砕かれるのに一時間もかからなかった。それから二二年。今度訪れた北京では、自転車の波が自動車に変わっただけで、クラクション・タウンは同じだったった

よく事故が起こらないものである。ちょっとタクシーに乗っただけで、何度もヒヤッとする。タクシーで酔ったのははじめてである。その車の波の中に物乞いのおじさんが突っこんでいく。

上海では「禁鳴号」（クラクション禁止）という立て札を見たが、北京では見かけなかった。しかし、立てても効果はないだろう。誰も守らないからである。

上海では教会を訪ね、文化大革命の時代に最も弾圧されたことを知った。若い牧師と話したのだが、別れ際、なぜ上海にと問われ、

「魯迅が好きなので、その墓参りに」

と答えると、

「魯迅の本は文革の時代にたくさん読んだ」

と彼は言った。毛沢東が魯迅の作品を読むようにすすめたからである。

しかし、魯迅は、もし、文革の時代に生きていたら、毛沢東と文革の、最も鋭い批判者となったのではないだろうか。案の定、いま、中国では、教科書から魯迅の作品が消えつつあるという。

ある意味で、魯迅の作品は権力への痛烈なクラクションだからだろう。自動車のクラクションは禁止しても、魯迅の批判精神は禁止してほしくない。

上海と北京の関係も微妙なものがあるらしい。たとえば文革の四人組は江青以外はすべて上海出身だった。江青も京劇の女優として上海を中心に活躍し、農民出身の毛沢東を惹きつけていったという意味では、上海人と言ってもいい。

アメリカに留学した経験のある上海の教会の牧師に、

「四人組は、三人まで上海の出身だが、それをどう思うか」

と尋ねたら、彼がニヤリと笑って
「私は宗教人だから政治的問題には答えられない」

と逃げられたのが忘れられない。

それにしても広すぎる、というのが、中国の首都、北京での印象だった。

もってのほかの東京電力と経済官僚

『俳句界』の二〇一六年新年号で菅直人と対談した。元首相の菅とは二〇代のころから四〇年余りのつきあいである。

田中秀征に紹介されたのだが、菅が首相当時、田中と私が最も厳しい批判者となった。ただ、三・一一後の菅の対応については、認める点も多い。たとえば、東京電力に乗りこんだことは、東電の無責任体質を考えれば、当然である。

二〇一五年一二月一日のニュースで、

「原発さえなければ」

と言って自殺した福島の酪農家の遺された妻が東電を訴え、結局、和解したけれども、東電の謝罪はなかった、と伝えていた。東電が嘘ばかり言うことについて、菅は当時の社長、清水正孝を批判する。

経産大臣の海江田万里に、清水は、

「もうこれ以上は無理だから撤退したい」

と電話を入れているのに、あとになって平気で、

「そういうことは言ってない」

と開き直る。テレビ会議でそれが明らかであるにもかかわらずである。

次の菅の話にも驚いた。事故が起きた時、会長の勝俣恒久も清水も東京にいなくて大混乱

だった。その初日のテレビ会議は一切公開しないのだという。

「公開した最初は、翌日の武黒一郎（フェロー）さんが首相官邸から戻って私の悪口を言うところ。初日の二四時間が全然ない。しかし、オペレーションがどういうふうに行なわれたか、重要な証拠ですからね。徹底的に調べるべきだと思うんです。言ってみれば、飛行機事故のブラックボックスと同じわけですから。それを東電が、自分たちに都合のいいところだけ出して、悪い所は出さないなんてもってのほかです」

菅の言う通りだと思うが、誌面で収録できなかった部分の話にも、「もってのほか」のものがあった。

事故からまもなく、菅政権は静岡の浜岡原発にノーと宣告するが、あの時、東電をはじめとする電力業界と一体の経産官僚は、浜岡をイケニエに差し出して、他の原発を再稼働させようとしていたのである。海江田はすでに経産官僚に抱き込まれていた。その海江田に記者会見させたら、官僚の筋書きで事は進められる。それで菅は自分が記者会見をすると言って、浜岡以外は動かす方向でなく、浜岡を止めることによって脱原発に踏み出す方向に舵をきった。

「建前上、東電は民間企業ということになっているから、ご存じのようにものすごくコマーシャルを打っていた。つまり、東電は最悪なんです。国営的な悪さと、民営という建前をうまく使って、マスコミを支配しているんですよ」

菅はこう言ったが、TBSの「NEWS23」のキャスターから岸井成格を降ろそうと安倍政権が画策しているのも、岸井がはっきりと脱原発を主張していることにもよるだろう。

パソナの南部の怪人脈

ある会で山口敏夫に会った。フットワーク軽く政界を飛びまわっていた山口も七五歳。さすがに老いは隠せないが、三歳年上の森喜朗をオリンピック組織委員会トップの座から引きずり降ろさねば、と意気軒昂である。

森の首をとることが安倍晋三の政権にダメージを与えることになるのだと力説する。

森功著『日本を壊す政商――パソナ南部靖之の政・官・芸能人脈』（文藝春秋）に、次のような形で森喜朗が登場する。二〇一四年春、ＡＳＫＡの覚醒剤事件で一躍有名になった「仁風林」はパソナの迎賓館だった。その地下一階に酵素風呂があり、とりわけ森喜朗が気に入って、しばしばそこで汗を流していたらしい。

「酵素風呂というのは、要するに砂風呂とサウナです。たしかに森さんは見かけましたね。森さんは仁風林の女将と呼ばれているかのんちゃんと仲がよく、日ごろからホットラインがあるみたいでした」

かのんちゃんとは京都・宮川町のもと芸者、中堂薗かのんで、女優としてＮＨＫのドラマ「まんてん」に出演したこともある。それで南部が見初めて仁風林の責任者にしたとか。

森喜朗を見かけた目撃者が話を続ける。

「仁風林では、しばしば外国の大使を招いてパーティを開いていました。中東のある大使も招待されていました。その大使が森さんに会談を申し込んだところ断られたそうです。で、大使はどこで森さんとかのんちゃんの関係をききつけたのか、かのんちゃんが『森先生、ケチケチせずに会ってあげたらどうですか』と話したらしい。するとすぐに会談がセットされたと聞きました」

森功が森喜朗にこの件を問い合わせると、こんな答が返ってきた。

「仁風林には十数年前、腰気功と酵素風呂を使った腰の治療のために何度かいったことがあるが、会合の類いに一切参加したことがない」

しかし、その割には目撃談が多いという。

パソナの会長は竹中平蔵であり、南部が一番近い政治家は安倍晋三だといわれる。その安倍政権下で竹中は産業競争力会議のメンバーとなり、もっぱら人材派遣業のパソナに有利になるように政策をつくっている。

そして、竹中が総務大臣時代の副大臣だった菅義偉（官房長官）も南部と近い。パソナの大阪本社ビル内に「澪風林」があり、東の仁風林同様、政財官の人間とつながりをつくる場としてきた。

「オリックスの宮内義彦元会長たち関西の大物財界人を招待してると聞いたことがあります。また南部さんは評論家の堺屋太一さんとも親しく、〇八年に橋下徹さんが大阪府知事に出馬したときは、南部さんが大阪出身の堺屋さんとともに担ぎ上げたともいわれています」（パーティの参加者）

森、安倍、菅、竹中、宮内、そして橋下と、いかがわしい人脈の真ん中に南部がいるわけである。

鳩山由紀夫という人

西部邁が言い出した拡大忘年会に、その前に対談して知り合ったらしい山田太一が来て、私はちょっと驚いた。しかし、山田にとって知った顔はほとんどない。

それで旧知の私が山田に付き添って、寄って来る人を紹介していたが、私が、

「あっ、鳩山由紀夫だ」

と言ったら、山田は、

「あの人は嫌いだから紹介しないで下さいよ」

と答えた。柔和に見えて、山田はけっこう好き嫌いの激しい人なのである。

とは言え、私は宇宙人の鳩山のやっていることを全否定する気にはなれない。たとえばクリミアに行って経済制裁は必要なのか、とブチ上げたことである。右翼から国賊扱いされたが、鳩山は西部が主宰する『表現者』という雑誌で、

「たぶん安倍（晋三）さんはやりたくないと思ったんでしょうが、やらざるをえないということで、アメリカの顔色みて経済制裁に加わってしまった結果、領土問題がまた議論できない状態になってしまった」

と語っている。

安倍がどう思っていたかはわからない。前年、鳩山はロシアに行ってモルグロフ外務次官から、こう言われたという。

「日本は大人の国だと思っていました。少なくとも韓国よりは大人だと思っていました。韓国は制裁に加わりませんでしたよね。なんで韓国ができたのに日本はできないんですか。日本はもっと大人だと思っていたのに、やっぱりアメリカが怖いんですか」

怖いのだろう。

すぐに日本政府は鳩山を非難した。佐々淳行や中西輝政等の反左翼知識人は「国辱もの」とまで言ったのである。

しかし西部は、最初、安倍が暗黙の了解を与えていたのかなと思った。一応、アメリカの顔を立てて「行かないで欲しかった」とは言うけれども、いずれ日露交渉をやるわけだから、本音では違うと思ったが、安倍の周囲にいる人に聞いてみると、安倍はそんなに頭がよくないということだった。

私は次のように説く西部と、この点に限っては同意見である。

「アメリカはいま、ウクライナだなんだで反露の立場をとっているから、日本もそこそこにくっ付いていくのは仕方がないとは言え、いずれ日本はロシアと交渉することによってアメリカともある程度の距離を置き、中国をも牽制するという意味でロシア・カードは重要なわけです。

いま、クリミア・ウクライナ問題があるから、日本の公の人物がアメリカに逆らってはいけないということはわかるけれども、鳩山さんが行くということは実にいいことで、多分沖縄についても似たようなことではないか」

よくわからないところもあるが、鳩山由紀夫はユニークな人物である。

橋下徹の偏執狂的異常さ

いま、平井正著『ゲッベルス』（中公新書）を読んでいる。ヒトラーの側近で「極右崩れの妄想狂」であるゲッベルスを知ろうと思ったのは、彼が橋下徹と似ていると考えたからである。官房長官の菅義偉を安倍（晋三）内閣のゲッベルスと呼んだこともあるが、その偏執狂的異常さはむしろ橋下に近い。

『表現者』の六一号で、西部邁や藤井聡が橋下を撃っている。保守の西部や藤井から見ても、橋下は正常ではないというわけだろう。

『大阪都構想が日本を破壊する』（文春新書）の著者の藤井は京都大学大学院教授で、安倍内閣の参与もやっている。橋下の唱える大阪都構想を完膚なきまでに批判した藤井は、橋下から執拗な攻撃を受ける。それは橋下の自信のなさのあらわれなのだろう。

そこもゲッベルスと酷使している。

他人に意見を言わせて、それに反論するという民主主義のイロハが橋下にはわからないのである。だから、とにかく反対意見を発表させないように画策する。

藤井によれば、橋下は藤井だけではなく、いろいろな言論人に「バカ」とか「チンピラ」とか「インチキ」という悪罵を投げかけ、これまで累計で一〇本、二〇本という訴訟を抱えている。普通なら、一本だけでも首が飛ぶ話なのに大阪のメディア空間では公権力チェック機能、とりわけ橋下に対するそれが失われてしまっている。

それでもまだ日本では、ロシアの野党第一党の党首が暗殺されたようなことはなく、大阪でも京都でも藤井は街を歩くことができる。しかし、歩けなくなる日がそこまできているかもしれないのである。

藤井は語る。

「京大の総長に橋下さんの大阪維新の会から『藤井というとんでもない奴が教授でいるのはどうなんだ』と申し入れがあった時に、京大の総長は『それは個人が勝手にやっていることです』ということで、二行くらいの返事しかしなかったんです。

これは京都大学の総長がいなしてくれたからよかったですが、某私立大学のケースでは、総長がそこで謝って大問題になったりするケースがあった。

僕はたまたま総長が守ってくれましたが、違っていれば京都大学を首になっていたかもしれません」

テレビに対しても藤井を出演させないよう圧力をかける。橋下が出ると視聴率を稼げるらしいので、テレビ局は橋下の言うことを聞かざるをえないようになる。

これを受けて西部は、ドイツより日本の方が病いは深いかもしれない、と指摘する。

ヒトラーはチョビひげを生やした変な人だとわかっていた。わかっていて独裁権を与えてしまった。

しかし、日本人、とくに大阪人は橋下がおかしいと思っていない。それだけ深刻だと西部は言うのだが、確かにそうかもしれない。

忘れられた自民党と公明党のケンカ

二〇一六年の正月は五月に出す予定の『自民党と創価学会』（集英社新書）の執筆に苦しんだ。

書き下ろしというのは、やはり、なかなか厳しい。

まだ、半分にも達していないが、このテーマを思いついたのは、何とか、自公の間にクサビを打ち込みたいからである。

一九九四年に自民党は機関紙の『自由新報』で激しい公明党（創価学会）批判を連載した。微に入り細にわたったその連載はパート1とパート2を合わせて二〇回。しかし、わずかその五年後に自民党と公明党は連立政権を組むのである。

その間、村山富市を首相とする自民党、社会党、新党さきがけの「自社さ」政権があり、それが崩れて自民党は小沢一郎の自由党と連立を組み、さらに自民党が分裂した保守党と連立して、そこに公明党が加わる。

その後、保守党は自民党に吸収され、自公連立となるのである。自民党をとびだした小沢は公明党と一緒の新進党を作ったから、自民党と公明党が連立を組む場合の媒介役としては最適だった。それにしても『自由新報』で酷評した公明党との連立である。

組む方も組む方なら組まれる方も組まれる方だろう。

自社さ政権の時の自民党の主流は橋下龍太郎総裁、加藤紘一幹事長の田中派および宏池会だった。それがコケて、今度は亀井静香らの非主流的タカ派が自由党との連立を画策する。焦点は安全保障問題だった。その点で小沢も乗れる。

ハト派の加藤はこの自自連立に反対だった。しかし、橋本の後の総裁の小渕恵三は政権運営ができないからと、これに乗る。

そして、そのまま自公連立になだれこむのである。

小沢と一緒に自民党をとびだしながら、その後対立して民主党の幹事長となっていた羽田孜が大下英治著『虎視眈々　小沢一郎』（徳間文庫）で、こう言っている。

「自民党は、かつて反創価学会を標榜する内藤国夫ら評論家や学者を集めて『四月会』を結成し、創価学会を徹底的に攻撃した。それにもかかわらず公明党と手を組もうとする。

だれも自民党を信頼しなくなるのではないかだろうか。特に既成の宗教団体は、信頼しなくなる。われわれは、基本的に宗教の自由を認めている。わたしの妻はクリスチャンだ。が、公明党の議員の選挙の応援にも行っている。しかし、自民党の場合そうではない。あれだけ攻撃し、池田名誉会長の証人喚問まで要求した。それなのに手を組むなら、公明党の支持者もついていけないのではないか」

もっともな指摘だが、しかし残念ながら自民党は信頼されなくなっていないし、公明党の支持者もついていけなくなっていない。忘れやすいのが日本人の特徴とはいえ、あまりにもひどいのではないか。

私は『自民党と創価学会』を二二年前の『自由新報』の連載「公明党＝創価学会の野望」のていねいな紹介から始めることにし、次に「禁じ手の自公連立」の内幕を暴くことにした。

畏れを知らぬ安倍晋三

私が学生時代に入っていた寮の監督の佐藤正能は「心の花」の同人で、「聞きたきは抱負にあらず国政の重きを畏る一言なるを」という歌をつくった。

未熟な者は自分の器や限界を知らないということで未熟なのだろう。もちろん、安倍晋三のことである。

野上忠興著『安倍晋三　沈黙の仮面』（小学館）によれば、安倍は「何でも自分の思う通りに運ばないと気に食わないわがままな性格」（養育係の久保ウメ）だという。つまり、「畏れ」を知らないから、当選わずか三回で自民党幹事長の大役を引き受けてしまった。

それについて、『週刊現代』の二〇〇四年年初号で私が対談した小沢一郎がこう言っていたのを思い出す。

「私はあの一件（安倍を大抜擢した）に、小泉純一郎という男の、我が身かわいさに人を盾にする性格が、よく表れていると思うんだけれど、小沢さんが安倍さんと同じ立場だったら幹事長を引き受けますか」

と問いかけると、小沢は、

「私なら断るね。小泉さんのいままでしてきたことを見れば、誰だって断るよ。『切り捨て御免』と後ろから人を斬って、そして平気の平左という人ですからね。

あれぐらい徹底した人は、いままでの自民党には存在しない。いや、小泉さんには自民党的というよりも、日本人的良心がまっくない、そこが異常なんです」

と答えたので、

「安倍さんはあまり真面目に考えるタイプじゃなかったから、引き受けたんじゃないですか」

と受けると、

「そこは、まだ彼は純情だからね（笑）。総理の命令だし、幹事長の本当のしんどさを知らないからでしょう」

と心配気味だった。

小沢は晋三の父親の晋太郎が幹事長だった時、竹下（登）内閣の副官房長官として国会対策でコンビを組み、いろいろ世話になったらしい。そして幹事長になる時、竹下派内で異論もあったのを、晋太郎が強く推薦してくれたという。

小沢は安倍晋三より二歳若い四七歳で幹事長になった。

それでも当選八回である。しかし、党内の嫉妬はすごかった。

「当選の回数以外にも下積みの仕事をしなくては、幹部を押さえきれないんです。党総務局長、衆院議運委員長、自治相・国家公安委員長をやり、官房副長官から幹事長と歩んだ私でも、えらい目に遭った」

小沢は幹事長就任を一度断った。年長者に適任者がいるんだからと言ったら、金丸信に、

「このバカ野郎！　政党人として〝大自民党〟の幹事長に何の不足あるか」

と怒鳴られたという。

総理をやれと言われて断った時も怒られたが、「畏れ」を知らずに引き受けた安倍は本当に

困ったバカ者である。
ちなみに小泉、小沢、そして私は同じ年に同じ大学を卒業した。

平和よりカネの創価学会

一九九八年の夏の参議院議員選挙に敗北した責任を取って橋本龍太郎が自民党総裁をやめた後の総裁選に小渕恵三が立ち、同じ派閥の梶山静六がそれに挑戦して敗れる。三位は小泉純一郎だった。

小渕は官房長官に野中広務を指名し、野中は政権維持のため、自由党の小沢一郎にひれ伏し、自民党、公明党との連立に走る。それを見越したように梶山は側近にこう言った。

「お前ら、見てろよ。小渕内閣は必ず公明と組むぞ。その窓口には野中がなる。あいつがみんな牛耳るんだ。公明票がなければ当選できないから、みんな野中に頭をさげなきゃならなくなる。だからこれから野中が政界を支配する時代がつづく。そうなったら自民党は国民から見放されてしまう」

梶山の予想は野中については当たったが、残念ながら「自民党は国民から見放されてしまま」ってはいない。

公明党（＝創価学会）を丸のみするエサは各世帯に一律二万円の商品券を支給するという地域振興券だった。これを目玉にしたいという公明党の提案に野中は実現を約束する。野中はその後まもなく、派閥の若手議員との会合でこう言ったという。

「天下の愚策かもしれないが、七〇〇〇億円の国会対策費だと思ってほしい」

最近の軽減税率とやらにしても、公明党はいつでも「平和よりカネ」である。あれだけ問題になった戦争法案には徹底的に反対しないで、逆に軽減税率では、連立離脱をほのめかしてまでも、その実現を図る。いつでも平和よりカネだということだろう。

そして、野中がそうだったように、公明党とその背後の創価学会をつかんだ者が実力者となる。現官房長官の菅義偉も学会との太いパイプを持つことによってのしあがってきた。野中は、首相が森喜朗から小泉純一郎に代わるとともに、小泉に追われるようにして、政治の現場から手を引く。

その野中が『老兵は死なず』（文春文庫）で、こう苦言をしているのだから、皮肉である。

「（公明党が）連立政権に入ってくれた時には、対米協力に走りがちな自民党を牽制し、諫める役割を公明党に期待していたが、今はそういう役割を放棄してしまい、与党にいることに汲々としている。インド洋にイージス艦を派遣した時にも、私ははっきりと反対したが、公明党から国会の場でそんな声が上がっただろうか。公明党が自民党と連立政権を組むに当たっての合意の一つに、参院の選挙制度を中選挙区制に戻すということがあった。これは自民党が守らなければならない約束なのだが、果たされていない」

野中が公明党を利用していたつもりが、公明党は「与党にいることに汲々として」野中を置き去りにしていったということかもしれない。

したたかと言われた野中以上に公明党が狡猾だったわけである。

秘書への責任転嫁を許すな

竹下登が首相になる前、『週刊朝日』から竹下についての「ひとことイメージ」を求められて、「卑屈」と答えたことがある。他の人は、

「いなばの白ウサギ（上目づかいで許しを願っている）」
「小心な蓄財ネズミ」
「狡猾な走り使い」
「明智光秀」
「ゴマスリ」
「八方美人」
「金丸信がいなきゃ何にもできぬ男」

などと評していたが、残念ながら、首相になっても、このイメージは変わらなかった。それどころか、リクルート疑惑で、股肱の臣の秘書、青木伊平を自殺させるに及んで、そのイメージに「陰険」が加わったのである。

もちろん、竹下も青木も、甘利明とその秘書に比べれば、ちゃらい男ではない。しかし、秘書に責任を転嫁させようとしている点では同じなのではないか。竹下の場合は転嫁したのは過去形である。

この問題で元『毎日新聞』主筆、というより「ＮＥＷＳ23」のアンカーで安倍政権に煙たが

られている岸井成格と対談したのを思い出した。三年前に出した『保守の知恵』（毎日新聞社）の一節である。大学のゼミで同期生の岸井は、小沢一郎の陸山会問題について、こう言った。

かつては岸井は小沢と近かったらしい。それで政治改革をどうするかなどの相談にのっていたのである。ベテラン政治記者としての岸井の発言をそのまま引く。

「当時俺は政治改革を一緒にやっていたんだけれども、小沢は政治資金も連座制にすべきだと言っていた。彼の言葉を借りれば、政治家の事務所なんていうのは一心同体だ、『秘書が、秘書が』なんていう言い訳は通じない、連座制だと主張していたんだよ。連座制が入っていれば今回も小沢は一発でだめなんだから。

検察の連中が小沢を癪でしょうがないのは、公職選挙法も政治資金規正法も政党助成法も、つくったのはみんな小沢だからね。彼はあの法律の裏の裏まで知り尽している。それが法をくぐるような形で金を集めるものだから、検察は頭に来るわけだ。

小沢は自分でつくった法律に守られているのよ」

小沢の反論も聞きたいところだが、連座制にしなければならないのは当然だろう。そうしないと甘利に逃げられてしまうし、これからも甘利のような政治家が出てくる。

ちなみに、『毎日』で岸井が期待していたAという記者がいた。政治部長として岸井は、ゆくゆくはAを引き立てたいと思っていたのだが、ある時突然、小沢の秘書になります、と言ってきた。岸井は愕然としたらしい。

いろいろ毀誉褒貶があるが、小沢はやはり、ある種の魅力があるのだろう。たまたま、このAが私の郷里の高校の後輩だった。それもあって小沢とは一度『週刊現代』で対談したが、A

が「岸井さんには改革はできません」と強調したのが印象に残っている。その岸井でさえ政権に忌避される時代である。

よりによって

『粗にして野だが卑ではない』の石田礼助や『運を天に任すなんて』の中山素平など、城山三郎が描いた人物には勲章拒否者が多い。城山自身も少年兵の体験から、「おれには国家というものが、最後のところで信じられない」として紫綬褒章を断った。私は「もらった人より拒否した人がエライのが勲章」と皮肉っているが、それにしても、「よりによって、こんな人に」と思う人に日本国は勲章を贈っている。

たとえば、カーチス・ルメイ。一九四五年三月一〇日、一〇万人が死んだ東京大空襲のルメイは指揮者だった。

なぜ、そんな人に勲一等旭日大綬章を送ったのか？

『勲章』（岩波新書）の著者、栗原俊雄が二〇一一年に改めて尋ねたところ、賞勲局から、「戦時中の問題についてはさまざまな議論があることは承知していますが、ルメイは、戦後わが国の自衛隊の創設について非常に功績があったため、そのことを評価することは当然のことだと考えています」

との回答が届いたという。ルメイに勲一等を与えた一九六四年当時の首相は佐藤栄作だった。

それを進言した防衛庁長官が小泉純也である。

言うまでもなく、小泉純一郎の父親で、親子ともにアメリカ大好きなのだろう。そうでなければ、被害者や遺族から「鬼畜」とか「皆殺しのルメイ」とまで呼ばれた人に勲章をなどと思うはずがない。その「よりによって」を、今度は小泉純一郎に抜擢された安倍晋三がやった。

二〇一五年秋の叙勲で、アメリカの元国防長官、ドナルド・ラムズフェルドに旭日大綬章を与えたのである。大量破壊兵器はなかったのに、それを保有しているとしてイラク戦争を始めたアメリカの、ラムズフェルドは大統領のジョージ・ブッシュと共に、まごうかたなき戦犯である。アメリカも、イラクへの侵略は間違った情報に基づいていたとして謝ったが、ラムズフェルドは責任を取ってはいない。あの時、真っ先にアメリカやイギリスのイラク侵略を支持したのは当時の日本の首相、小泉だった。

それには、自民党内にも加藤紘一や古賀誠、あるいは亀井静香が反対し、自衛隊の派遣法案の採決をボイコットした。代表の神崎武法がサマワに数時間いて「安全」を確認したという猿芝居を演じて賛成したのは公明党である。それはともかく、いま、なぜ、ラムズフェルドに、「内閣総理大臣、衆議院議長、参議院議長又は最高裁判所長官の職にあって顕著な功績を挙げた者」

を対象とする日本最高位の勲章をやらなければならないのか。推薦したのは「日本の中のアメリカ」である外務省らしいが、安倍の言う「日本を取り戻す」とはアメリカに徹底的にゴマをすることだったのか。

それでは「アメリカを取り戻す」ではないか。

第3章

闘う本、闘う書評

『バカな大将、敵より怖い』

武井正直講演録　北海道新聞社

バブルに踊らなかった経営者の至言の数々

この本の題名は、某国の暗愚の首相や某国〝国営〟放送のトンデモ会長を直接批判したものではない。しかし、ズバリと古今の真理を言い当てているだろう。

これは北洋銀行の頭取、会長を歴任した武井正直の講演録だが、武井はバブルに踊らなかった稀有《けう》の経営者だった。

バブルをあおり、バブル崩壊の後は、誰もそれを見通せなかったと長谷川慶太郎などが責任逃れをする中で、武井は、「こんなバカな時代が続くはずがない」と言って、断固として、バブルに乗っかった融資をやらせなかった。

北海道拓殖銀行が破綻した時、大きさでは北海道三位の北洋銀行がそれを引き受けるという奇跡を実現し得たのも、武井がその経営哲学を貫き通したからである。

二〇〇〇年一月、連合北海道の新年交礼会で武井は、

「リストラをする経営者には、『あなたこそ辞めた方がいい』と言ってやりなさい」

と言い切った。

居並ぶ労組幹部たちは一瞬意表をつかれて静かになり、まもなく、拍手と笑いで盛り上がったという。

言うまでもないことだが、従業員の雇用を守ることが経営者の最大の使命だと武井は考えていたのである。

だから、長谷川慶太郎はもちろん竹中平蔵など相手にしていなかった。そして、彼らとは対照的な城山三郎と親交を結んだのである。武井が上京したある夕、城山らと一緒に歓談したのが忘れられない。

本の中では魯迅の言葉も引かれているが、招かれて最初に会った時、武井は開口一番、

「佐高さんは魯迅が大好きなんですね。私も魯迅が好きなんです」

と言った。そして一時間余、魯迅の話をしたのだが、それまでは日本の銀行の頭取で魯迅に深く通じている人がいるなどとは想像もしなかった。

武井は財界人には珍しく勲章を拒否し、

「あんなもの欲しがるようになると人間が堕落する」

と言っている。

巻末の「人と仕事」を書いている札幌国際大学長（当時）の濱田康行は、武井が生きていたら、

「何を浮かれておる！　危ないぞ」

とアベノミクスについて言うだろうと書いている。その通りである。

『伊丹万作エッセイ集』

大江健三郎編　ちくま学芸文庫

日本人よ「だまされた」という被害者ヅラは悪である

福島第一原発事故をめぐって「最後は金目でしょ」と信じられない発言をした環境相の石原伸晃も、「自分が早く結婚すればいいじゃないか」と低劣なヤジを浴びせた東京都議会議員の鈴木章浩も、「深く反省」して謝罪し、〝一件落着〟の気配である。自民党に所属していた鈴木は会派を離脱したが、自民党東京都連の会長が石原伸晃だというのだから、できすぎている。

しかし、これらの問題もまもなく忘れ去られるのだろう。その日本人の忘れやすさ、だまされやすさに痛撃を加えたのが映画監督の伊丹万作だった。編者の大江健三郎の夫人は、伊丹の娘である。

一九〇〇年に生まれ、一九四六年に亡くなった伊丹は「戦争責任者の問題」で、遺言のように、日本人の精神的病を指弾した。

戦争が終わって、多くの日本人が軍部などにだまされていたと言ったが、果たしてそうかと伊丹は問い、さらに、だまされたと言って被害者面をする日本人の責任を次のように追及した。

「騙《だま》されたということは不正者による被害を意味するが、しかし、騙されたものは正しいとは、古来いかなる辞書にも決して書いてはないのである。騙されたとさえ言えば、一切の責任から解放され、無条件で正義派になれるように勘違いしている人は、もう一度よく顔を洗い直さなければならぬ。しかも、騙された者必ずしも正しくないことを指摘するだけに止らず、私は更に進んで『騙されるということ自体がすでに一つの悪である』ことを主張したいのである」

身近な例で言えば、東京都知事となった猪瀬直樹に投票した四三〇万の都民は、やはり、だまされたと自分を納得させているのだろう。私は彼をずいぶん前から〝本物のニセモノ〟と批判してきたが、猪瀬に投票した人たちには届かなかった。その人たちをも糾弾するように伊丹の追撃はこう続く。

「『騙されていた』と言う一語の持つ便利な効果に溺れて、一切の責任から解放された気で居る多くの人々の安易きわまる態度を見る時、私は日本国民の将来に対して暗たんたる不安を感ぜざるをえない。『騙されていた』と言って平気でいられる国民なら、恐らく今後も何度でも騙されるだろう。いや、現在でもすでに別の嘘によって騙され始めているに違いないのである」

だまされるのは「いい人」ではない。「アホな人」なのだ。

『残されたもの、伝えられたこと』

矢崎泰久　街から舎

テレビに出ている〝文化人〟の低俗さがよくわかる

「原子力発電を批判するような人たちは、すぐに『もし地震が起きて原子炉が壊れたらどうなるんだ』とかいうじゃないですか。ということは、逆に原子力発電所としては、地震が起きても大丈夫なように、他の施設以上に気を使っているはず。だから、地震が起きたら、本当はここへ逃げるのが一番安全だったりする（笑）」

『新潮45』の二〇一〇年六月号で、当時、原子力委員会委員長だった近藤駿介（現東大名誉教授）と対談して、こう悦に入っているのはビートたけしである。地震が起きたいまこそ、東京電力の福島第一原発に行けばいいと思うが、たけしは口をぬぐって知らんぷりである。

そんなたけしが毎日テレビに出ているこの国では原発は容易になくならないと思っている私には、ユニークな雑誌の『話の特集』の編集長だった矢崎泰久が、この本の中で「ポップ・ミュージックの開拓者」中村とうようについて書いた次の箇所に強くうなずいた。

ＮＨＫやＴＢＳのラジオでディスクジョッキーをやっていたこともある中村は、しかし、テレビにはほとんど出なかったが、テレビについて、こう言っていたという。

「ただの俗ではなく低俗すぎる。テレビに平気で出演している学者や文化人を見るとガッカリしてしまう。あ、この人も終わったな、と思うんですよ」

矢崎によれば、中村は、マイケル・ジョンソン全盛期の頃、彼を蛇蝎《だかつ》のごとく嫌い、

「黒人のもっとも堕落し果てた姿を見せつけられた気がする」

と酷評していたとか、
たけしは「TVタックル」などでテレビ芸者を集めて政治を批判したりしているが、まず、自分をマナイタの鯉として、原発についての責任などを徹底追及させるべきだろう。

この本は「脱原発の市民科学者」高木仁三郎に始まって、「ノーベル物理学賞に最も近かった活動家」水戸巌に終わる一五人の「鮮烈な列伝」である。

反原発のシンボルだった高木仁三郎のパートナー、久仁子は『週刊現代』の二〇一一年五月二一日号で、こう言っている。

「嫌がらせはいろいろありました。注文してもいない品物が自宅に届けられたりするのはしょっちゅう。散歩途中に車にひかれそうになったことも一度や二度ではありません」

状況はいまも変わっていない。

『鞍馬天狗のおじさんは』

竹中労　ちくま文庫

いつの時代も「安全地帯」にいるのが愛国心を呼号する

嵐寛寿郎ことアラカンの名を知っている人も少なくなった。しかし、無頼の精神で共通する竹中労がアラカンの語り口を見事にすくい取ったこの一代記は不滅の傑作である。

鞍馬天狗が当たり役だったアラカンは戦時中に一座を組んで前線を巡業して歩いた。その時、関東軍のエライさんが毎晩のように芸者を抱いて遊んでいるのを見て、戦争は完全に負けだと思ったという。

「戦争こんなものか、〝王道楽土〟やらゆうてエライさんは毎晩極楽、春画を眺めて長じゅばん着たのとオメコして、下っ端の兵隊は雪の進軍、氷の地獄ですわ」

むっつり右門もやったアラカンの語りを続ける。

「軍隊平等やおへん、エライさん楽して、兵隊苦労ばっかりや、こら話がよっぽど違うと思うた。教育ないさかい、むつかしい理クツはわかりまへん。せやけど戦争ゆうたら、馬鹿も利口も生命は一つでっしゃろ。鉄砲玉にも平等に当らな、不公平とゆうものやおまへんか。

ところが、司令官やらゆうお方はちゃんと安全地帯におって酒くろうてオメコして、ほてからに滅私奉公が聞いてあきれる。ちっともおのれを虚しうしてまへん。これをゆうたらさしさわるけど、カツドウヤのエライさんと同じことでおます（笑）」

あに、活動屋、すなわち映画会社のエライさんのみならんや、だろう。「安全地帯」にいるエライさんこそが、やたらと愛国心を呼号する。そして、「日本を取り戻す」などと叫ぶのである。

アラカンもプロダクションをつくったが、映画がサイレントからトーキーに変わる時でダメになった。そこにのちの大映社長、永田雅一が登場し、解散費用と高給を出すから、おまえだけ新興キネマに来い、と誘われた。

「従業員もいっしょにひきとってもらえまへんのか？」

「あかんあかん、二者択一や」

「へえ、ほたらどっちかゆうことでおますな。ワテはよろしい。従業員ひきとってほしい」

さすがにアラカンだが、永田も約束を守る。しかし、その永田からアラカンは徹底的に干されたた。永田を恨みはしないけれども、「ただ役者脅したらゆうことを聞くと、その考えだけは改めてほしい」とアラカンは言っている。

『鞍馬天狗のおじさんは　聞書・嵐寛寿郎一代』

嵐寛寿郎・竹中労　七つ森書館

男のドラマは「革命とニヒリズム」「稀代の名著」がついに復刊

今回は「復刊案内」である。徳間文庫に続いて、ちくま文庫でも絶版になってしまったこの掛け値なしの「稀代《きだい》の名著」が入手できなくなるのが堪えられなくて、私は復刊に力を貸した。そして、解説も書いた。

嵐寛寿郎ことアラカンの演じた鞍馬天狗を記憶している読者も少なくなったかもしれないが、晩年には「網走番外地」の鬼寅親分で評判になった。かつては耳が悪くて「むっつり右門」だったというアラカンが反逆の血を全開させての語りを竹中が鮮やかに掬《すく》い取ったこの絶妙な一代記を私はいつも他人にすすめる別格ベスト3の一冊としている。

アラカンは戦時中に一座を組んで前線を巡業して歩いた。その時、関東軍のエライさんが毎晩のように芸者を抱いて遊んでいるのを見て、戦争は完全に負けだと思ったという。

「戦争はこんなものか、〝王道楽土〟やらゆうてエライさんは毎晩極楽、春画を眺めて長じゅばん着たのとオメコして、下っ端の兵隊は雪の進軍、氷の地獄ですわ」

「軍隊平等やおへん。エライさんは楽しんで、兵隊苦労ばっかりや。こら話がよっぽど違うと思うた。教育ないさかい、むつかしい理クツはわかりまへん。せやけど戦争ゆうたら、馬鹿も利口も生命は一つでっしゃろ。鉄砲玉にも平等に当たらな、不公平ゆうものやおまへんか。ところが、司令官やらゆうお方はちゃんと安全地帯におって酒くろうてオメコして、ほてからに滅私奉公が聞いてあきれる。ちっともおのれを虚しうしてまへん。これゆうたらさしさわるけど、カツドウヤのエライさんと同じことでおます（笑）」

官房長官の菅義偉が九日の記者会見で、プロ野球のジャイアンツの賭博問題について、再発防止を含めてしっかり対応するよう求めたと知って「よく言うよ」と呆れた。大臣室で汚いカネを受け取った甘利明に「調査」の結果を早く発表させることこそ求められているのではないか。

「ワテは前から維新ものがやりたかった。アラカン何をゆうやらと嗤《わら》われるかも知らんが、詮ずるところ男のドラマは革命や。それとまあ、ニヒリズムでんな。たれよりも勇敢に闘うて、たれよりも無残に裏切られていく。そんな人間を演じてみたいと願うておりましたんや」

男のドラマが「革命とニヒリズム」にあることで共鳴したアラカンと竹中の呼吸がピッタリ合った傑作中の傑作である。

『ピンポンさん』

城島充　角川文庫

理想や希望は不可能な夢ではないことを教える書

書店に嫌韓本があふれ、ヘイトスピーチもやまないいまこそ、ぜひこの本を読んでほしい。これは卓球の世界チャンピオンになり、その後、国際卓球連盟の会長になって、不可能を可能にした荻村伊智朗の伝記である。

荻村は、一九九一年春に千葉で開かれた世界卓球選手権大会に「統一コリア」チームの参加を実現させた。そのために韓国に二〇回、北朝鮮に一五回足を運んで、この夢を正夢にしたのである。

当時も韓国と北朝鮮の関係はとげとげしかった。しかし、幼くして父を亡くして、母ひとり子ひとりで育った荻村は驚異的な粘りを発揮して、いわば奇跡を起こしたのである。

この時、統一チームは女子の団体決勝で強敵中国を破り、優勝した。それで、ふだんはあまり同席することのない在日の韓国と北朝鮮の出身者が一緒になって「アリラン」を大合唱したという。束の間にせよ、「統一」が実現したのだった。それを成し遂げたオギムライチローの名前を在日の人は忘れていないという。むしろ、日本人の間で、その名は遠くなっているかもしれない。

卓球は一九二六年の国際卓球連盟創立以来、国旗を使わず、国歌も歌わず、そして加盟は国単位でなく協会単位、選手はアマチュアとプロの区別をしないという憲章の下にやってきた。しかし、一九八八年のソウル・オリンピックに参加したいがために、一九七七年に憲章を変え、国旗と国歌を使い、アマとプロの区別も導入するとしてしまった。

それでも、五〇年余り続いた前憲章の精神は生きていたのだろう。「統一コリア」チームが実現した背景には、こうした卓球の特性もある。いわゆる「ピンポン外交」も国旗や国歌を使っていては成功しなかった。

ただ、そうした精神をくんで「奇跡」を起こしたのは荻村である。私も中学、高校と卓球をやっていたが、卓球をやった者にとっては、荻村は本当に神のような存在である。その荻村が、世界の政治家や外交官が、多分、夢想だにしなかった「統一コリア」チームを実現させたことは私も知らなかった。

私は国家の水位を低くすることが、この世から戦争をなくす道だと思っている。そんなことは理想論だという声がすぐに聞こえてきそうだが、では荻村がやったことをどう考えるのか。理想や希望は不可能な夢ではないことを教えた荻村は一九三二年に生まれて一九九四年に亡くなってしまった。

『小説日本銀行』

城山三郎　角川文庫

「政府の番犬」黒田総裁にこそ、この本を読ませたい

〝老人のワッペン〟とも言うべき勲章を拒否した政財界人がいた。「表紙だけが替わっても」と名セリフを吐いて首相の座を蹴った元外相の伊東正義や、「人間に等級をつける勲章は好まない」として勲一等を辞退した元日本銀行総裁の前川春雄である。

同じ日本銀行総裁でも現総裁の黒田東彦は逆に喜んでそれを受けるだろう。「物価の番人」として政府から独立して金融の中立性を確保し、通貨価値の安定を図るどころか、安倍政権の言いなりに追加の金融緩和をし、円の価値を下げている黒田は「政府の番犬」としか言えないからである。

かつて、ナチス政権が軍備拡張のため無限に軍需手形を発行し、その尻ぬぐいを中央銀行であるライヒス・バンクにさせたのに対して、シャハトやフォッケなど、同バンクの理事たちが職を賭してヒトラーに次のような上申書を差し出し、反逆者として弾圧された。

「止まることのない放漫財政政策がどの程度までドイツ経済の生産や貯蓄さらには国民の社会的必要と両立しうるかを政府に指示する意図は、われわれには存しない。しかしながらこれ以上政府がライヒス・バンクに信用を要求するならば、通貨政策の運営によって通貨価値を保つことはできず、ただちにインフレーションが発生するであろうことを明らかにすることはわれ

われの義務である」

ライヒス・バンク総裁のシャハトは、ヒトラーに死刑を宣告されてまで抵抗したのだが、黒田は安倍に表彰されこそすれ、弾圧されることはないだろう。

そもそも、こうした歴史を踏まえた城山の名作を黒田も安倍も読んでいないと思われる。

この作品を書いた動機を問われて、城山はこう言っている。

「日本ほど物価がむちゃくちゃに上がる国はないのに、日本銀行は、一体、何をしているかという、ごく庶民的な感情がありますネ。その意味で、日本銀行で本業の、日銀本来の使命、中央銀行としての使命を貫こうとする男を設定した場合、どうなるかということですネ。そこにロマンを感じたのですが、そんな人は日銀にいない、といってやっつけられた。しかし、いたら何も書くことはない。いないからこそ書いたともいえるわけです」

現在の黒田日銀では主人公は真っ先に追放されるだろう。財政と金融の分離は日銀の大蔵（現財務）省からの独立でもあったが、それは今や完全に踏みにじられた。

『新トラック野郎風雲録』

鈴木則文　ちくま文庫

「私には非国民栄誉賞かもしれませんねぇ」と笑った菅原文太

文化勲章をもらって、

「日本人に生まれてよかった」

と喜んだ高倉健と、最期まで、

「日本はこれでいいのか」

と問いかけ、反原発や護憲の運動に全国を駆けめぐった菅原文太には天と地の開きがある。言うまでもなく、文太が天である。

この国では、そうした運動を役者がすると、政治的な色がついたとして、すぐに干されてしまうが、文太は、

「干すなら干してみろ」

と、そんな空気を蹴っとばした。

もちろん、文太は勲章なんかクソクラエという気持ちだったろうが、ある時、私は彼と、

「私たちに来るのは、〝非国民栄誉賞〟かもしれませんねぇ」

と笑い合った。

その文太に新しいキャラクターを与えた映画監督、鈴木則文のこの回顧録がまことに痛快で

ある。

たとえば、三菱ふそうの欠陥リコール隠しという「不愉快極まりないニュース」があった。欠陥車をトラッカー側の整備不良と責任転嫁し、死者が出ても無実のトラッカーを加害者にして切り抜けようとした事件だが、文太が演じたトラック野郎の映画をつくった監督として、鈴木は怒りをぶちまける。

「『三菱は国家なり』とうそぶいた元土佐藩の下級武士で創業者の岩崎弥太郎の思いあがった態度そのままの現在の経営陣には、外れて突然襲いかかったタイヤに圧殺された罪なき庶民の主婦の母の悲痛な訴えはどう映るのだろうか。またタイヤが外れた三菱ふそうトラックを運転していた運転手さんの心痛に思いを致すことが一刻でもあっただろうか」

こう問いかけて鈴木はさらに弾劾する。

「三菱のスリーダイヤマークは、悪魔のドクロマークだといった不届者が跳梁した時代もあったが、今、こういう現実を見せ付けられると……彼らの言は、まことに的を射た至言といえる。三菱よ、明治以来のこの百三十年に手前等のやってきたことは国とつるんだゼニ儲けだけじゃねえか！——と毒づきたくもなる」

人殺しの戦車等を生産する戦前からの軍需企業である三菱重工は三菱ふそうの親会社の三菱自動車の親会社である。だから反戦の市民運動からドクロ印の企業だと非難された。そうした企業がドクロ印の国とつるんだゼニ儲けを、さらに大々的にしようとしている。

『憲法と知識人』

邱静　岩波現代全書

戦後日本の「良識のシンボル」の軌跡を追った熱書

二〇〇六年暮れ、〝中退〟前の首相だった安倍晋三は、あるテレビで、

「今年を漢字一文字で表現すると」

と問われて、

「変化ですね」

と二文字で答えた。

記者が重ねて、

「一文字にするとしたら」

と尋ねると、

「それは……責任ですかね」

と、やはり二文字で答えてしまったのである。これを愚かと批判するのはたやすい。しかし、安倍の場合は己の愚かさを自覚しない愚かさで、まさに暴走の一途をたどる。憲法改変がその象徴だろう。

安倍が尊敬しているらしい祖父、岸信介が首相の時に改憲のための憲法調査会が発足した。会長が高柳賢三で、中曽根康弘も委員となっている。しかし、有力な学者はこれに参加しな

かった。特に岸は宮沢俊義や我妻栄を加えたかったが、二人はそれを断り、逆に大内兵衛や丸山眞男らと共に護憲の憲法問題研究会を組織する。政府の憲法調査会に比べて、こちらは格段に権威があり、いまは改憲を掲げる『読売新聞』でさえ、一九五八年六月五日付の夕刊で「一世代前のオールド・スターには違いないが、まだありし善き日の余光をいくらか残している人たちの顔がずらりと並んでいて、政府の御用調査会の大根委員たちに比べるとともかくも光っている」と書いたほどだった。

竹中平蔵や北岡伸一ら、いまどきの安倍御用の〝大根委員〟に三読してほしいところである。我妻が岸と東京帝大法科の同期生だったのは有名な話だが、我妻は憲法問題研究会主催の講演会で、こう強調している。

「今日の政界においてリーダーシップをとっている相当多数の人が戦犯であり、追放者でありました。なぜでしょうか、ほかでもありません。国民がこれらの人を選ぶからであります……。これらの人たちの不謹慎を責める前に、これらの人たちを選んだ国民、あるいは、それらの人を選ぶようなわが国民の認識についてわれわれは深く考えねばなりません」

一九五八年春にスタートした憲法問題研究会は、「戦後日本の良識のシンボル」とされたが、一九七六年春に解散した。この本はその軌跡を追った熱書である。

『昭和の迷走』

多田井喜生　筑摩選書

運命の歯車はいつ破滅へ回り始めたのか……

垂らすべき
　片腕のなき
　　昼寝かな

こんな句があるが、言うまでもなく「片腕」は戦争によって失われた。「積極的平和主義」ならぬ「積極的戦争主義」を唱えて日本国民の命を日本国のために犠牲にしようとしている安倍晋三首相は、祖父の岸信介の名誉回復を企図して、先の戦争を侵略と認めたがらない。「村山（富市）談話」を変更しようとするのもそれゆえである。

亡くなってしまったが、遠藤誠というユニークな弁護士がいた。釈迦とマルクスを信奉し、自分は〝釈迦マル主義〟だなどと言っていた遠藤は、暴力団対策法にからんで山口組の弁護をしようとする。法は行為を罰するのであり、暴力団員という〝身分〟を罰するのはおかしいと思ってである。

当時の山口組組長は渡辺芳則だったが、遠藤を妬んで、

「渡辺さん、遠藤なんかに弁護を頼んでいると、遠藤は左なんだから、山口組が左傾化して、アカになりますよ」

と渡辺に告げ口する者が出てきた。

それで渡辺が遠藤に尋ねる。

「そう言われたんですが、遠藤先生、いま、右と左を分ける基準は何なんですか?」

尋ねられた遠藤は、

「太平洋戦争を侵略と認めるかどうかだと思います」

と答えた。すると、渡辺は即座に、

「それは侵略ですよ。他人の縄張りに踏み込んだんだから」

と返したという。実にわかりやすいが、

「そんなことを言うと、渡辺さんも左だとレッテルを貼られますよ」

と遠藤が付け加えると、渡辺は、

「それで左と言われるなら、わしゃ、左でええ」

と結んだとか。多分、この国では暴力団の親分になる方が首相になるより難しいのだろう。侵略のイロハも分からない安倍がドヤ顔をして首相になっているからである。

「破滅的な戦争へ向かう運命の歯車はいつ、どのように回り始めたのだろうか?」という問題意識から、『昭和の迷走』は書かれている。『朝鮮銀行』(PHP新書)等で知られる練達の史家である著者は、戦費の調達の問題にまで踏み込んで、その転落の道を描いている。いま、安倍によって進められているのは〝昭和の暴走〟に次ぐ〝平成の暴走〟である。

『だから、鶴彬』

国家が怯えた肺腑をえぐる川柳　現在にも通じる一七文字

楜沢健　春陽堂書店

○フジヤマとサクラの国の失業者
○神代から連綿として飢ゑてゐる
○弱き者より弱気を虐げる

一九〇九（明治四二）年、石川県に生まれ、二九歳で獄死した鶴彬の川柳である。これらの川柳は現在にも通ずるが、さらに苛烈な反戦川柳によって鶴は捕らえられ、赤痢にかかって病院のベッドに手錠でくくりつけられたまま、短い生涯を終えた。

○手と足をもいだ丸太にしてかへし
○万歳とあげて行った手を大陸へおいて来た
○修身にない孝行で淫売婦

鶴は「川柳界の小林多喜二」とも言われたが、その死はあまりにも唐突であり、官憲による赤痢菌注射説まで流れた。

自作の川柳のごとく、鶴はまさに「蟻食いを噛み殺したまま死んだ蟻」だったのである。もちろん蟻がアリクイを噛み殺すことはない。しかし、アリクイを権力とすれば、鶴はそれを噛み殺さんばかりの蟻だった。

○貞操を為替に組んでふるさとへ
○塹壕で読む妹を売る手紙
○初恋を残して村を売り出され
働き手を軍隊に奪われ、凶作に追い打ちをかけられて、戦争中に特に東北の農村では娘を女郎屋に売らなければならなくなった。

「修身にない孝行で」それを強いられたわけだが、いや、親孝行の「修身」（道徳）こそが「淫売」を強制するのだと読み破ったのは魯迅である。

ともあれ、権力はまだ二〇代の鶴が怖くて仕方がなかった。その肺腑をえぐるような川柳は大日本帝国を恐怖させたのである。

こんな川柳もある。
○労働ボス吼えてファッショ拍手する
「二・二六事件」の起こった一九三六年（昭和一一）年の作だが、この年の一月に日本労働総同盟と全国労働組合同盟が一緒になり、労使一体の反共主義を掲げる全日本労働総同盟（全総）が結成された。組合員九万五〇〇〇。

しかし、日中戦争が始まった翌年の七月、この全総は戦争を支持し、ストライキ絶滅を宣言してしまう。権力と闘わず、権力のための戦争に拍手したのである。それから、ほぼ八〇年後の現在の連合と、戦争中の全総は違うのか、違わないのか。

『だから、鶴彬』は鶴の魅力をコンパクトにまとめた本だが、「あとがき」に「日本車を日本軍と読み違え」という川柳が二〇一〇年秋の「朝日川柳」から引いてある。

『モンサント』

マリー＝モニク・ロバン著／村澤真保呂ほか訳　作品社

米巨大企業の毒牙に蹂躙される日本の農業

二〇一四年一一月の沖縄県知事選挙で現知事の翁長雄志の応援をした菅原文太は、那覇の集会で、「政治の役割は二つあります。一つは国民を飢えさせないこと。安全な食べものを食べさせること。もう一つは絶対に戦争をしないことです」と訴えた。

その二つともを安倍政権は壊そうとしている。先ごろ、農協のトップが突然辞任したが、安倍が強行しようとしている「農協改革」は農協破壊であり、農業破壊である。農協がＴＰＰに反対しているから、何としても「改革」の名で破壊したいのだ。

この本のオビには大きく「次の標的はＴＰＰ協定の日本だ！」とある。アメリカはＴＰＰを結ばせて、日本に遺伝子組み換え作物を輸入させたい。その先兵として、この「遺伝子組み換え種子の世界一の供給会社」であるモンサントがある。というより、アメリカの政府はこの巨大企業に動かされてＴＰＰを結ばせようとしているのだということが、この本を読むと、よくわかる。つまり、ＴＰＰは「安全な食べもの」を安全でなくするのであり、日本がモンサントの毒牙に蹂躙《じゅうりん》されることになるのだ。

〈モンサントは、20世紀初めにサッカリンの生産会社として設立されたが、第一次世界大戦の間に、爆弾や毒ガスの製造に使われる化学製品を売ることによって、利益を１００倍に増やし

た〉

そして、ＰＣＢや枯葉剤、特にベトナム戦争で使われたオレンジ剤という名の除草剤等で巨大になった後、遺伝子組み換え作物にその手を広げたのである。

学者はもちろん、政府やメディアを巻き込み、「規制」をつぶしていくやり方は日本の原発マフィアとそっくりだ。

インドの農民は「あの会社の連中は毒薬と同じです。やつらは、死に神のように人間の命を奪っていきます」と叫んでいるが、メキシコ、アルゼンチン、パラグアイ、ブラジル等が次々にこのモンサントに襲われた。

フランスのジャーナリストである著者に、北インドの農協組合のスポークスマンはこう言ったという。

「モンサントを調べてください。あのアメリカの多国籍企業は、要するに世界中の食糧を独占するつもりです」

利益のために安全を無視するモンサントがＴＰＰの推進役なのである。

『国防政策が生んだ沖縄基地マフィア』

平井康嗣・野中大樹　七つ森書館

対米屈従の首相と基地マフィアの実態

「戦後70年止めよう辺野古新基地建設！　沖縄県民大会」が開かれた二〇一五年五月一七日付の『沖縄タイムス』に求められて私は次のメッセージを寄せた。

「アメリカの議会で、安倍首相はなぜ英語で演説したのか？　究極の対米屈従だろう。沖縄の総意を無視して辺野古基地建設を強行しようとする姿勢とそれは無縁ではない」

もちろん、韓国の朴大統領が日本の議会で日本語で演説することはない。そんなことをしたら、大日本帝国によって自分たちの言語を奪われた韓国の人たちは大騒ぎするだろう。日本ではなぜ問題にならなかったのか？　実質的にアメリカの植民地となっていることを、たとえば安倍の属している「日本会議」ならぬ「日本だけ会議」の面々は認めているからか。下手な英語で演説するから「希望の同盟」などというこなれない日本語になってしまう。言語は文化であり思想である。だから英語を使った安倍は文化も思想もない男なのだ。

この本で平井は「自民党中央政府は辺野古での基地建設を諦めていない。とすれば名護ではその受け皿になる集団が今後も必要になる」と書く。その集団が基地マフィアであり、東開発会長の仲泊弘次がその先頭に立って、前知事の仲井眞弘多と連携してきた。

「政治家はおれの帽子だ。優秀な政治家はいらない。おれの言うことを聞くやつでいい」と仲泊は周囲にうそぶいていたというが、もちろん、こんな経営者ばかりではない。

翁長雄志知事を誕生させた金秀グループ会長の呉屋守将は、この本で「沖縄はカネの奴隷にならない。なりたくない」と言っている。呉屋はユーモアもたっぷりのようで、ある会で、金秀グループは建設業だけれども基地関連の工業はやらないと言っていると紹介されるや、「いや、やります。基地の撤去工事をやります」と答えて、満場の拍手を受けたという。

「基地も原発も、建設工事より廃炉、撤去工事のほうが喜んでやれるじゃないですか。いつ日本を破壊するかわからないものを建設するより、安心安全な国をつくるための工事のほうが誇りだって持てる」という呉屋の言葉には哲学がある。同じく翁長を応援したかりゆしグループＣＥＯの平良朝敬は、観光は平和産業であり、「平和なくして成り立たない」と断言し、中国と琉球の古くからの交流に触れて、「中国が琉球に攻め入ったことはないし、将来もないと思っている」と主張している。

『平成政治20年史』

平野貞夫　幻冬舎新書

公明党「平和の党」虚偽表示の歴史

公明党には、もう、ウォー・パーティー、つまり「戦争の党」とルビを振らなければならない。自民党と連立政権を組んで、憲法違反の安保法制を成立させようとしているのだから「平和の党」を名乗るのは虚偽表示だろう。一刻も早く連立を解いて、安保法制ならぬ戦争法案に反対するのでなければ、詐欺罪を適用されても文句は言えないのである。公明党のバックの創価学会の、特に婦人部は戦争反対であり、現憲法擁護だといわれるが、それも偽りではないのか。

衆議院事務局に就職して以来、園田直や前尾繁三郎といった自民党の大物にかわいがられ、近年は小沢一郎のブレーンとして知られる平野貞夫は、公明党が自民党と連立協議を始めた時、当時の幹事長、冬柴鐵三はそれに反対する議員に「すべては池田名誉会長を守るためだ」と言い放った逸話を紹介し、さらに、二〇〇三年のイラク戦争に際しての公明党の堕落ぶりを批判する。

この時、公明党は代表の神崎武法がイラクのサマワを数時間視察して安全を演出するという〝猿芝居〟をやって自衛隊の派兵を了承した。そして、公明党支持者にとって経済的に負担の少ない所得税の定率減税廃止を自民党にのませたのである。「平和・福祉・人権」が立党の理念だったはずの公明党の看板を塗りかえなければならないほどの露骨な取引だった。すでに、そのころから、看板に偽りありだったと言っていい。それを厚顔に取りつくろうように幹事長の冬柴は「大量破壊兵器を持つイラクを叩くことが平和の道だ」とか、「イラクはスプーン1杯で約二〇〇万人分の殺傷能力がある炭疽菌を約一万リットル保有している疑惑がある」と言いふらしていた。大量破壊兵器などなかったことが判明した現在、残念ながら自民党と共に公明党の責任追及はされていない。

また、平野は「政権投げ出しの異常政治」の章で、二〇〇六年秋に安倍晋三が初めて首相になる直前、創価学会名誉会長の池田を極秘に訪ねた疑惑を指摘する。訪ねたのは首相に指名される四日前だった。「政教一致」問題で国会喚問もという池田を訪ね、安倍は一時間以上、熱心にメモを取りながら池田の話を拝聴したという。メモを取ると評価が高くなると安倍は入れ知恵されていた。だから池田は後で「安倍は真面目で、何にでも使える男だ」と感想をもらしたらしい。池田の方が利用されているわけである。

『日本で100年、生きてきて』

むのたけじ　朝日新書

若いモノがいたずらに悲観している場合ではない

一九四五年八月一五日に、戦争責任は自らにもあると考えて『朝日新聞』に辞表を出した著者は今年（二〇一五年）一〇〇歳。現役のジャーナリストだ。

「戦争をやるときは敵国を欺くけど、自国民も2倍も3倍も欺く。戦争というのは、はじめから道徳と反対なんだ。ウソつかないとやれないのが戦争なんですよ」

ズバリの指摘には小気味よささえ覚える。

「秘密保護法の目的はなんなの。アメリカの秘密がもれないようにしろという要求に応えたんでしょ」

これ以上ない厚かましさで暴走する安倍政権に対しては絶望的になりかねないが、著者がその思想を源流としている魯迅流に言えば、著者は絶望に絶望して歩みつづけてきた。

筆者の思想の特徴は、日本人にありがちなあいまいさがないことであり、八方美人的妥協のないことである。しかし、妥協のないことは著者の場合、現実とは無縁に理想を語り続けることを意味しない。たとえば、純粋とは貫くことであり、時には敵の靴の泥をなめても理想を貫き通すことだと指摘する。

自分をも刺した刃で敵を刺すような激しさが著者の言葉にはある。

「行く先が明るいから行くのか。行く先が暗くて厳しくて困難であるなら行くのはよすのか。よしたらいいじゃないか」

こう突き放されても「行く」若者がまだいることに、著者は希望を見いだす。

古巣の新聞に対する批判も痛烈で、「政治問題に関しては与党と野党の主張を足して2で割って水とコカ・コーラで薄めたような、そんな社説しか書けないじゃないですか」と容赦ない。「新聞そのものに主語がない。そこで働いてメシ食っている連中、主語があるわけじゃないか」と指弾は続く。

新聞やテレビ等のメディアから、毎度のように聞かれて腹が立つのは「どうなりますか」という質問である。私はいつも、競馬や株の予想をしているんじゃないぞ、占いのように予想ばかり書いてメディアは堕落したんだ、と思っているが、それについても著者はスパッと言い切っている。

「どうするかを考えない者に、どうなるかは見えない」

われわれひとりひとりがどう動くかで、未来は変わるのである。それを一〇〇歳の著者に教えられて恥ずかしくないのか。いたずらに悲観している場合ではないのだ。

『田中清玄自伝』

田中清玄・大須賀瑞夫　ちくま文庫

戦争法案の議論を透視したような慧眼

戦前に武装共産党を指導し、戦後は右翼の黒幕として活躍した田中清玄の「自伝」が抜群におもしろい。現代の古典と言っていいほどである。まず、その「靖国神社」批判を引こう。

「中国から鄧小平さんが来られた時に『鄧小平が陛下に会うのなら、その前に靖国神社にお参りせよ』などと言ったバカな右翼がいました。陛下が訪中されて鄧小平さんに会う前に、四川省か山西省か、どこか田舎のお寺をお参りして来い、そうでなければ会わさないと、まったく逆のことを言われたら、日本人はどう思いますか。それとおんなじことだ。（中略）もっとひどいのは、それを今、大挙して国会議員たちが、年寄りも若いのもふんぞりかえって参拝しているることだ。今年も去年より何十人増えたとかいって騒いでいる。この政治家たちは『平和、平和』って、一体何を考えているんだ。彼等が平和って言ったって、『戦争をやるための口実だ』ぐらいに思ったらいいですよ」

「戦争法案」が論議されている現在を透視したような発言だろう。

田中によれば、石橋湛山が内閣を組織して閣僚名簿を昭和天皇のところへ持って行った時、天皇は外相の岸信介の欄を指さし、

「これは大丈夫か」

と言ったという。岸嫌いの田中にとっては石橋から聞いた忘れられない話だった。戦争犯罪人の容疑者として巣鴨プリズンに入れられた岸をそんな要職に据えていいのかということだろう。

現天皇は即位以後、一度も靖国神社に行っていないし、昭和天皇も敗戦直後に一度行っただけで、その後は行っていない。

田中は、それは昭和天皇の重臣たちを殺し、「陛下の政権を倒して、その平和政策を粉砕しようとした連中を神にまつるという」非常識なことをやったことに対する不快感が原因だと語っている。いわゆるA級戦犯の合祀だが、昭和天皇は田中に、直接、

「これでいよいよ私は靖国神社には行けなくなった」

と語ったという。次の指摘も鋭い。

「いま一番危険なのはね、湾岸戦争でもそうだったが、日本の艦隊や自衛隊を派遣しろと言う根強い声が依然としてあるでしょ。国際情勢から見たら当然だと思うかも知らんが、日本の内部事情を見ますと、それがきっかけになって、日本には軍国主義復活の危険性が常にあるんですよ」

『戦争が遺した歌』

長田暁二　全音楽譜出版社

「私が息子を殺した」と慟哭した母

戦争中に軍人一家の長男に嫁いだ女性がいた。最初に娘が生まれ、次にまた娘だったので、また女か、という空気が漂う。

三人目に息子が生まれ、周囲は手のひらを返したように、でかした、でかした、という雰囲気になった。

その女性も胸を張って息子にスパルタ教育をし、それに応えた息子は江田島の海軍兵学校に進んだ。そして、特攻を志願する。戦地に発つ前、別れに来た息子に彼女は先祖伝来の短刀を渡した。つまりは、捕まりそうになったら、これで死ねということである。

それに対して息子は、まるで上官に対するような敬礼をして出発していった。まもなく戦死の報が届き、白木の柩《はこ》と一緒の遺書には「後に続くものを信ず」とあった。当時はやった「軍国の母」という歌にこうある。

　生きて還ると思うなよ
白木の柩が届いたら
出かした我が子天晴れと
お前を母は褒めてやる

息子は軍神と称えられ、彼女は「軍神の母」として新聞に載った。

しかし、言うまでもなく、届けられた遺書は検閲を受けている。息子の特攻仲間たちは、万に一つも助かる可能性はないのだが、検閲を受けていないもう一つの遺書を書いていた。奇跡的に助かった仲間がいて、彼がそれを届けようと、彼女のところにも来た。

仏壇に遺書を供えて仲間が帰っていくや、彼女は取るものも取りあえず、それを開いた。するとそこには、震えるような字で、

「僕はただ黙って母さんに抱いてほしかっただけなのです」

と書いてあった。短刀なんか渡してほしくなかったということだろう。

それを見て母は慟哭《どうこく》する。

「私が殺した、私が息子を殺した」

こう叫んだ彼女は、それから八八歳で亡くなるまで、南方の島々を旅しては特攻の残骸に手を合わせる日々を送ったという。

サブタイトルが「歌が明かす戦争の背景」のこの本をまとめた著者は今年（二〇一五年）八五歳。敗戦の年は一五歳だった。「発刊にあたって」で、「法治国ではいかなる理由があっても人が人を殺せば必ず罪の裁きを受けるのが常識である。ところが戦争では敵を沢山殺せば殊勲者として崇められ、時として、〝軍神〟として、神様にさせられるとは何という不条理だろうか」と書いている。

『ＴＰＰ亡国論』

中野剛志　集英社新書

ＴＰＰと戦争法案の裏表

私が池上彰をダメだと思う最大の理由は、彼がＴＰＰにはっきりと反対していないことだが、二〇一五年一〇月六日付の大手紙は、まるで池上に説得されたかのように「ＴＰＰ合意へ」と報じていた。情けない限りである。八日付の『日刊ゲンダイ』が孤軍奮闘して、これを推進する自民党のウソを暴いている。

ＴＰＰを結べば、日本の食料自給率は確実に下がるが、四年前のベストセラーの『ＴＰＰ亡国論』には、こんな一節があった。

「２００３年の穀物自給率で見ると、フランスが１７３％、アメリカが１３２％、イギリスが99％であるのに、日本はわずか27％で、足りない分をほとんどアメリカから輸入している。しかし、いま、地球規模で起きている水資源の枯渇が深刻化して不作になった時、アメリカや他の国が自国民を犠牲にして日本に穀物を輸出してくれることは考えられない」

中野の指摘するように「アメリカは、食糧価格の上昇を見越して、ＴＰＰを仕掛けてきている」のである。

また、佐賀の農民の山下惣一は大野和興との対談『百姓が時代を創る』（七つ森書館）で、ヨーロッパの食料自給政策に感動している。ユーロという共通通貨を持っていて、EU全体で役割分担ができるのに、そうしないで各国ごとに自給政策をとっている。なぜかと尋ねたら、こういう答えが返ってきた。

「ヨーロッパの歴史は戦乱の歴史で、食糧争奪戦でもあった。だから自分で食うものを持たないと、隣から警戒される。自分で食うものを持っているということは、隣を攻めませんという意思表示なのです」

なるほど、皮肉を言えば、だから安倍晋三は公明党と一緒にシャカリキになって戦争法案を通したのか。TPPを結んで自給率を下げてまでアメリカに奉仕する安倍は、まさに亡国の宰相と言うしかない。

「百姓が時代を創る」には一九九七年から三年間の平均で穀物自給率が日本が二四％、韓国三〇％に対し、大勢の人が餓死したり栄養失調になっている北朝鮮が六九％というショッキングな数字も載っている。北朝鮮の餓死は経済破綻して食料を買う金がなかっただけの話だというのである。

もちろん、遺伝子組み換え食品が入ってくるという安全の問題もある。「TPP亡国論」のオビには、「TPPで輸出は増えない！　アメリカの仕掛けにまたはまるのか!?」といった文字が躍っている。

『自民党〝公明派〟15年目の大罪』

古川利明　第三書館

「仏罰を」とまで批判された公明党の欺瞞を鋭く指摘

戦争法案反対を訴えて国会を取り囲んだ人たちが掲げたプラカードに、「自民党に天罰を　公明党に仏罰を」とあった。その通りだと思ったが、自民党と同じか、あるいは、それ以上に公明党の罪は深い。

公明党とその支持団体の創価学会を長くウォッチしてきた著者はまず二〇一四年七月、集団的自衛権行使容認の閣議決定を先送りさせようとしていた公明党に放った飯島勲（内閣官房参与）の脅しを紹介する。

公明党のホームページに公明党と創価学会の関係が載っていて、いつも「政教一致」が問題になるが、それをまた取り上げてもいいんだよ、という意味の発言である。

また元公明党委員長の矢野絢也は、一九八九年に起こった「1億7000万円入り金庫放置事件」の際に国税の調査が創価学会本体に入った時、その対応に大変だったと告白した。

党の常任顧問となっていた矢野は、創価学会副会長で弁護士だった八尋頼雄と共に対処することになり、「池田大作の秘書集団である第一庶務には（国税の調査を）入れさせない」「宗教法人の公益会計部門には絶対に立ち入りさせない」「会員の財務リストは提供しない」「池田大作の公私混同問題に立ち入らせない」「学会所有の美術館には触れさせない」など、国税当局から守るべき「6項目」が八尋から列挙されたので、それを実現させるべく、奔走したという。

本来なら、このように税務処理で疑問が露出した法人は、定期的に調査を実施する「継続管理指定法人」に指定される。この時も「5年に1度調査を行う『限定循環方式』を採ることが妥当」という判断を国税当局は行なった。

ところが、公明党が政権入りしたのちの二〇〇〇年ごろ、こうした「継続管理指定法人」「限定循環方式」を国税当局はなぜか中止してしまったのである。著者は、公明党、創価学会、そして池田は政権入りしたことによる〝現世利益〟の恩恵を最大限に承けたとみるべきだろうと指摘している。

こんなアキレス腱を抱えて、つまり公明党は政権離脱などできないことになる。「防衛費増額に頬かむりする公明党の欺瞞」とか、公明党が「平和の党」ではないことを徹底的に暴いて鋭い。

『安倍晋三　沈黙の仮面』

野上忠興　小学館

「恥ずかしい」首相の原点がわかるエピソードに納得

二〇一五年の秋、安倍首相の母校である成蹊大学法学部政治学科の後輩のブログが評判を呼んだ。後輩一同は安倍の「安全保障関連法案における、学問を愚弄し、民主主義を否定する態度に怒りを覚え、また政治学を学んだとはにわかに信じがたい無知さに同窓生として恥ずかしさを禁じえ」ないというのである。

そして、安倍に問いかける。

就職活動の際、自己紹介で母校の名前を答えると、

「ああ、安倍晋三のね」

と冷笑されるということを知っているか、と。

その冷笑に含まれている意味を考えてほしい、と後輩は訴えている。

しかし、真っ赤なアルファロメオで通学し、アーチェリー部に所属しながら雀荘に通うという学生時代を過ごした安倍には生涯それはわからないだろう。

「あなたは成蹊大学の誇りなどではなく、ただその無知で不遜なる振る舞いによって、私たちの大学の名誉と伝統に泥を塗っている」と、その後輩は追撃している。

長い政治記者の取材に基づいて安倍の「血脈と生い立ちの秘密」を追ったこの本で驚いた後

に、さもありなんと思ったのは次の事実である。

大学を出てまもなく南カリフォルニア大学に文字通り遊学した安倍は強度のホームシックにかかり、やたらと東京の実家にコレクトコールをかけてきたという。

安倍家の関係者によれば、毎晩のようにかけてくる国際電話代が一〇万円にもなる月が続いて、さすがに父親の晋太郎が、

「何を甘えているんだ。それなら日本に戻せ！」

と声を荒らげたとか。

それで安倍は戻ってくる。

「ウメさん、入れて」

と中学生になっても養育係の久保ウメの布団に入ってきた安倍のひ弱さは現在まで続いているのだろう。久保は安倍を「何でも自分の思う通りに運ばないと気に食わないわがままな性格」と断じている。

一回目の首相で突然辞任した時、イギリスの『フィナンシャル・タイムズ』は「武士道ではない。臆病者だ」と書き、『南ドイツ新聞』は「安倍氏の問題は自身がトップになったことにある」と報じた。日本および日本国民の問題は安倍を再び首相にし、その独裁を許してしまっていることだろう。

『日本を壊す政商』

森功　文藝春秋

パソナ迎賓館で竹中平蔵が寄り添う和服女性

アベノミクスなどというものは株価を上げるためだけのデタラメなものだったことが明らかになった。その宣伝マンの代表がパソナ会長の竹中平蔵である。これだけ株価が下がっても、この〝舌屋〟（舌先だけで言いくるめて商売する輩《やから》）は何のかんのとリクツをつけるのだろう。「パソナ南部靖之の政・官・芸能人脈」を追ったこの本にASKA事件で有名になった「パソナグループ」の迎賓館「仁風林」で開かれた琴のコンサートの場面が出てくる。

「この曲は、桜の命の儚《はかな》さを表現しています」

マイクを握って、こう説明を始めたのが竹中だった。奏者は世界的な箏曲《そうきょく》家として知られる西陽子である。和服姿の西に寄り添い、竹中が一曲一曲解説していく。

竹中が琴に詳しいのかは知らないが、ちょっと首をひねりたくなる組み合わせだった。

二人は二〇〇八年一月にスイスのダボスで開かれた世界経済フォーラム東京ナイトで知り合った。そこで西が琴を演奏し、居合わせた竹中と話して、和歌山県立桐蔭高校の先輩と後輩であることがわかったという。

それからまもなく、竹中が音頭をとって、「箏曲家　西陽子を応援する和歌山人の会」がつくられ、竹中は西を「公私ともに応援してきた」のである。

二〇〇九年二月には、中国の上海日本総領事館の招きで、竹中が経済問題について講演し、西がコンサートをやった。以来、「経済講演と琴リサイタルという風変わりなコラボ」が毎年の恒例行事になってきたとか。

上海のコンサートでは、パソナグループ代表の南部もからんだ。南部の長女がステージに上がって、西の傍らでフルートを吹くという一幕があったのである。

著者の森は「日ごろの仁風林パーティでは挨拶を済ませるとすぐにいなくなる竹中が、ふだん司会役を務める南部に代わり、彼女（西）につきっきりでマイクを握って進行役を果たした」と書いている。

この本に詳述されているように、南部が一番親しい政治家は安倍晋三であり、官房長官の菅義偉とも近い。

二〇一〇年九月一三日付の『日刊ゲンダイ』は「木村剛よりもっと悪い竹中元金融相の大罪」という大見出しの記事を掲載し、「国会招致の動きも」と報じているが、パソナ人脈を探れば「大罪」はさらに明らかになるだろう。

『拉致被害者たちを見殺しにした安倍晋三と冷血な面々』

蓮池透　講談社

著者が「忘れられない」という安倍首相の冷たい言葉

「拉致問題を追い風にして総理大臣にまで上り詰めた」安倍晋三に対して、「北朝鮮による拉致被害者家族会」の事務局長だった蓮池透が挑戦状を叩きつけた。

安倍が拉致問題でがんばったというのは神話であり、被害者のことなど考えていなかったというのである。「忘れえぬ安倍晋三の冷たい言葉」と題して蓮池は書く。

安倍らが中心となって国会に提出された「拉致被害者支援法」では被害者一人当たり月額約一三万円足らず（子どもは三万円）を支給するとあったが、金額が低すぎるという指摘を無視して法案は成立した。

それで蓮池が、

「国の不作為を問い国家賠償請求訴訟を起こしますよ」

と安倍を追及すると、安倍は薄ら笑いを浮かべながら、

「蓮池さん、国の不作為を立証するのは大変だよ」

と答えたという。

蓮池は「いったいどっちの味方なのか」と怒る。そして、「大変だとしても、そこを動かしてくれるのが政治家というものではないか。あの言葉をいまでも忘れることができない」と続

ける。

蓮池の弟、薫たちが帰国した時、北朝鮮に戻す約束を蹴ったのが安倍だという神話も、蓮池は断固として覆す。蓮池の説得によって薫は戻らないという決断を下したのである。

それを知って「渋々方針を転換」し、「結果的に尽力するかたちとなった」のが安倍と拉致問題担当相の中山恭子だった。

「あえて強調したい。安倍、中山両氏は弟たちを一度たりとも止めようとはしなかった。止めたのは私なのだ」という蓮池の悲痛な叫びを安倍はまともに受けとめようとはしていない。だから、「政治利用」を続ける。二〇一四年の衆議院選挙で安倍は新潟二区で立った自民党の細田健一の応援演説に来た。

柏崎で開かれたこの演説会に薫が招かれたのだが、多忙を理由に断ると、何と両親が駆り出されたという。そして、蓮池薫さんのご両親が来ておられます、と紹介された。

「結局、安倍さんのダシにされただけだね」

と母親は嘆いた。安倍を「鉄面皮」と批判した福島瑞穂に対して、自民党は議事録からの削除を要求したが、鉄面皮そのものではないか。

『いのちの旅 「水俣学」への軌跡』

原田正純 岩波現代文庫

公平や中立を振りかざす者は権力のまわし者だ

二〇一六年は水俣病公式確認から六〇年である。それに最も功績があり、国際的にも著名な原田正純は、国立の熊本大学では六五歳でやめるまで助教授だった。国に逆らったとして教授にしなかったのである。

それどころか、後輩の若い医師が彼の主任教授に原田と共同研究したいと言ったら、

「そんなことをしたら、君は一生この世界では駄目になる」

と恫喝されたとか。

いつもにこにこ笑っていて、決して闘士という感じではない原田は、しかし、弱者を虐待したり、抹殺する者に対しては怯《ひる》まなかった。原田は朝日新聞西部本社編『原田正純の遺言』（岩波書店）の中で、医学者や研究者の中に「政府がらみのものは避けたい」という変な中立主義めいたものがあることを批判して、こう言っている。

「AとBの力関係が同じだったら、中立というのは成り立ちますよ。だけど、圧倒的に被害者のほうが弱いんですからね。中立ってことは『ほとんど何もせん』ってことですよね。権力側に加担している。それこそ政治的じゃないかと思うんだけど、ところが被害者側に立つと『政治的だ』と言われる。逆ですよね」

私は、公平とか中立を振りかざす者は権力のまわし者だと思うし、それを掲げ始めた者は強者との闘いをやめ、弱者の敵となった者だと思っている。

関西在住の水俣病の未認定患者が原告となって訴訟を始めた時、チッソだけが被告の時は被告側証人になる学者はいなかったのに、国そして県が被告になると被告側証人の学者が増えたという。何という〝専門家〟だろうか。原田は原発で国や電力会社に飼われた学者たちを腹の底から怒っていたが、水俣病の構図とそれは同じである。

国の内外を問わず、公害のさまざまな現場に出かけて「いのち」を守る旅を続けた原田は『いのちの旅』の最後で、「基地汚染」について警鐘を鳴らす。二〇〇〇年秋にフィリピンの旧米軍基地の汚染問題で周辺住民が訴訟を起こしたのである。神経障害、腎臓障害、白血病、がん、そして流産・死産、先天異常が多発しているとしてアメリカの空軍、海軍、国防省とフィリピン政府を訴えたが、門前払いされた。軍事基地はさまざまな危険物を扱うから複合汚染が必ず起こっているはずなのだが……。

『公明党』

薬師寺克行　中公新書

反ファッショからファッショに転換した公明党　創共協定から自公政権へ……

一九七五年七月八日の『読売新聞』夕刊に大きく「共産・公明が〝歴史的和解〟」という記事が載った。「反ファッショで連携」とある。作家の松本清張の仲介で、創価学会と共産党は前年の一二月二八日に共存を謳《うた》った「創共協定」を結び、翌日、創価学会会長の池田大作と共産党委員長の宮本顕治が会談して協定を確認したというのである。

松本によれば予備会談の過程で、創価学会の男子部長だった野崎勲はこう言ったという。

「池田会長は反共ではない。ファシズムが進行すれば学会がそれに狙われる危険がある。さきに会長は、政府がもし共産党を非合法化して弾圧すれば、学会は総力をあげて共産党を支援すると発言した。宮本委員長もこの池田発言を評価すると応えた」

わずか四〇年余り前の発言である。政府を自民党と置き換えれば、創価学会＝公明党にとって自民党はそれほど遠い政党だった。それがいまや、自民党と一緒になって共産党を攻撃している。

池田との会談で宮本が、

「公明党は、池田会長の発言を反共寄りに解釈している。公明党は口では反自民を言っているが、実際の路線は自民に同調である」

と批判すると、池田が、

「現在の公明党執行部は政治の玄人になっている。そのために学会を素人と考え、独善的になっている」

と応じ、さらに、

「牢に入っていた人間は強い。（学会の）初代牧口会長がそうで、反権力で戦った。その次の戸田城聖会長から右寄りになった。自分がその軌道を左寄りに修正した」

と強調した。

しかし、池田が本当にそう考えていたかはわからない。池田が公明党を抑えなかったので、「創共協定」はアッという間に空文化したからである。

そして、一九九六年から翌年にかけて自民党の機関紙『自由新報』に八二回にわたって、池田と元信者との紛争等に関する記事が掲載され、その二年後に自民党と公明党の連立政権が誕生する。いくら政治情勢は変わるとはいえ、自民党も公明党も、あまりに無軌道、無節操だろう。

著者は『朝日新聞』に載った川柳から、二〇〇七年の「ブレーキを踏むそぶりだけ公明党」と二〇〇八年の「ブレーキを踏むそぶりやめ突っ走り」を引いている。反ファッショからファッショへの転換である。

初出一覧

本書第1章は書き下ろし、第2章は有料メルマガ「まぐまぐ」連載「佐高信の筆刀両断」を再編集、第3章は『日刊ゲンダイ』連載「オススメ本ミシュラン」ほかを再編集したものです。

佐高 信（さたか　まこと）
1945年、山形県酒田市生まれ。高校教師、経済誌の編集長を経て評論家となる。『週刊金曜日』編集委員。著書に『人間が幸福になれない日本の会社』『自民党と創価学会』『メディアの怪人 徳間康快』『不敵のジャーナリスト 筑紫哲也の流儀と思想』、共著に『絶望という抵抗』『偽りの保守・安倍晋三の正体』など多数。

佐高信の筆刀両断
安倍晋三への毒言毒語

2016年７月31日　初版発行

著　者　佐高信
発行人　北村肇
発行所　株式会社金曜日
〒101-0051　東京都千代田区神田神保町 2-23　アセンド神保町３階
URL　http://www.kinyobi.co.jp/
（業務部）　03-3221-8521 FAX 03-3221-8522
Mail gyomubu@kinyobi.co.jp
（編集部）　03-3221-8527 FAX 03-3221-8532
Mail henshubu@kinyobi.co.jp

装幀　多田和博
本文組版　木村暢恵
印刷・製本　精文堂印刷株式会社

価格はカバーに表示してあります。
落丁・乱丁はお取り替えいたします。

ISBN978-4-86572-012-9　C0036

『週刊金曜日』の発刊に寄せて（抜粋）

支配政党の金権腐敗、この政党に巨額献金する経済主流が見逃す無責任なマネーゲーム、巨大化したマス文化の画一化作用、これらは相乗効果を発揮して、いまや底無しの様相を呈し、民主主義の市民と世論を呑み込む勢いである。

この三つの荒廃には、さまざまな超越的、イデオロギー的批判が下されている。しかし、あまりものをいうようにも見えない。

むしろ、いま必要なのは、前途をどうすれば明るくできるか、その勢力と方法の芽生えはどこにあるのかをはっきりさせる内在的、打開的批判であり、この批判を職業とし、生活し、思想する主権市民の立場から実物教示してみせる仕事である。

いかなる機構、どんな既成組織からも独立し、読者と筆者と編集者の積極的協力の道を開き、共同参加、共同編集によって、週刊誌における市民主権の実をあげるモデルの一つを作りたいと願っている。

一九三五年、ファシズムの戦争挑発を防ぎ、新しい時代と世界をもたらすために、レ・ゼクリバン（作家・評論家）が創刊し、管理する雑誌として出され部数十万を数えた『金曜日（ヴァンドルディ）』の伝統もある。

読者諸君、執筆者諸君の積極的参加を心から期待したい。

久野 収